bauerngärten cottagegärten

Fotografie Jerry Harpur und Marcus Harpur
Toby Musgrave

Christian Verlag

Für Vibeke, Danke
für deine Liebe, dein Lachen, deine Geduld
und insbesondere, dass du meine Frau bist.

Aus dem Englischen übersetzt
von Joachim Peters
Redaktion und Satz: Barbara Kiesewetter,
Redaktionsbüro, München
Korrektur: Petra Tröger
Umschlaggestaltung: Caroline Daphne
Georgiadis, Daphne Design

Die Originalausgabe mit dem Titel *Cottage Gardens* wurde erstmals 2004 im Verlag Jacqui Small, einem Imprint von Aurum Press Limited, 25 Bedford Avenue, London WC1B 3AT veröffentlicht.

Druck und Bindung:
Hong Kong Graphics & Printing Ltd., China
Printed in China

ISBN 3-88472-661-7

Hinweis
Alle Informationen und Hinweise, die in diesem Buch enthalten sind, wurden vom Autor nach bestem Wissen erarbeitet und von ihm und dem Verlag mit größtmöglicher Sorgfalt überprüft. Unter Berücksichtigung des Produkthaftungsrechts müssen wir allerdings darauf hinweisen, dass inhaltliche Fehler oder Auslassungen nicht völlig auszuschließen sind. Für etwaige fehlerhafte Angaben können Autor, Verlag und Verlagsmitarbeiter keinerlei Verpflichtung und Haftung übernehmen.

Korrekturhinweise sind jederzeit willkommen und werden gerne berücksichtigt.

Inhalt

Der Cottage-Garten

Es gibt kaum einen Gartenstil, der mehr Gefühle und Assoziationen hervorruft als der Cottage-Garten. Dieser sehr romantische Stil, der von vielen Schriftstellern idealisiert wurde und viele Maler inspiriert hat, bezaubert noch immer Gärtner in aller Welt, auch wenn er schon seit über 200 Jahren in Mode ist. In der Hektik des heutigen Lebens wird der »traditionelle« Cottage-Garten immer mehr zur Oase der Ruhe und zum Sinnbild für Idylle.

oben Am Gartenweg: Jedes einzelne Element eines Cottage-Gartens, vom Gartentor bis zur Bepflanzung und Nutzung, bietet Anreize zu einer Art des Gärtnerns, die ebenso charmant wie anmutig und romantisch ist. und vor allem großen Spaß macht.

rechts In diesem Cottage bei Stratford-upon-Avon lebte William Shakespeares Frau Anne Hathaway vor ihrer Heirat. Heute erscheint uns das strohgedeckte Fachwerkhaus aus Elisabethanischer Zeit mit der Kletterrose und der Blütenpracht unzähliger Sommerblumen wie die Verkörperung jener »ländlichen Idylle«, die den klassischen Cottage-Garten so liebenswert macht.

links Ein Bild der Superlative: Der Garten von East Lambrook Manor in Somerset war das »Laboratorium« von Margery Fish, die den Cottage-Garten im 20. Jahrhundert neu definierte. Mit der Vogeltränke als Blickfang und seiner üppigen, aber wohl überlegten Bepflanzung enthält auch dieser Abschnitt des Gartens mit der Fetthenne (*Sedum erythrostictum* 'Frosty Morn'), der Bergflockenblume (*Centaurea montana* 'Carnea') und der Schwertlilie (*Iris pallida* 'Argentea Variegata') etliche interessante Pflanzen, die die Gärtnerin für künftige Generationen bewahren half.

gegenüber Der traditionelle Cottage-Garten beruht auf einer formalen Gliederung, deren Ränder von »altmodischen« Pflanzen aufgelockert werden, die dem Ganzen einen Hauch von Zeitlosigkeit verleihen. Dieser Garten auf der Insel Nantucket (Massachusetts) zeigt eindrucksvoll, dass eine einzige, großflächig eingesetzte Pflanzenart durchaus eine ähnliche Wirkung erzielen kann wie die überschwängliche Zusammenstellung von Mrs Fish (links).

Vor unserem inneren Auge sehen wir einen Bogen aus Eiben oder aus einem mit Kletterpflanzen bewachsenen Gerüst, durch den wir auf einen Pfad zu einem weißen, strohgedeckten Cottage gelangen. Über der Haustür ranken sich an einem Bogen weitere Kletterpflanzen – eine Kletterrose vielleicht, eine Waldrebe oder ein Geißblatt –, und die Wand ziert ein an einem Spalier gezogener Pflaumen-, Apfel- oder Birnbaum. Zu beiden Seiten des Weges liegen Rabatten, die durch weitere Wege unterteilt sind. Rasen gibt es nicht, stattdessen aber einen Obstbaum, der Schatten spendet und zugleich als Rankhilfe für weitere Kletterpflanzen dient. Die Rabatten werden gesäumt von einer einzigen Blumenart, etwa Nelken oder Stiefmütterchen, und die Blumenbeete selbst sind mit einer üppigen Mischung aus Sommerblumen, Stauden und Kräutern bepflanzt. In anderen Beeten finden sich alle möglichen Gemüsearten. Im Gegensatz zur Überschwänglichkeit der Blumenrabatten stehen sie in sauberen, dichten Reihen und steuern weitere Formen, Farben und Strukturen bei, die den Cottage-Garten zu einer in sich geschlossenen Einheit machen. Nach diesem beruhigenden und tröstlichen Bild eines Cottage-Gartens scheinen wir uns alle zu sehnen.

Auch wenn solche Cottage-Gärten nach wie vor in Bilderbuchdörfern Großbritanniens wie auch an der Ostküste der Vereinigten Staaten zu finden sind, ist die oben beschriebene Version nur eine von mehreren Arten, in denen ein Cottage-Garten gestaltet werden kann. Ich hoffe, auf den folgenden Seiten zeigen zu können, dass der Stil des Cottage-Gartens sich keineswegs ausschließlich an der Vergangenheit orientiert, denn niemals waren Cottage-Gärten aktueller als heute. Der Stil des Cottage-Gartens ist die äußere Manifestation einer inneren Einstellung: Er verkörpert das Wesen eines Ziergartens schlechthin; er ist ein Ort der Schönheit, der Ruhe und der Entspannung. Und gerade weil dieser Stil so praktisch, vielfältig und flexibel ist, gibt es keine festen Vorschriften. Er kann auf die unterschiedlichste Weise interpretiert und sowohl dem persönlichen Geschmack als auch den jeweiligen Gegebenheiten vor Ort angepasst werden und ist in einem städtischen Umfeld ebenso zu Hause wie in einer ländlichen Umgebung, in einem großen Garten ebenso wie in einem kleinen. Zudem hat sich der Stil des Cottage-Gartens im Lauf von über 200 Jahren weiterentwickelt, sodass derjenige, der heute einen Cottage-Garten anlegt, aus einem reichen Erbe schöpfen kann. In jedem Fall aber ist der Stil des Cottage-Gartens unkompliziert und vergleichsweise pflegeleicht.

Aber was ist eigentlich ein Cottage-Garten? Wenn wir vom »traditionellen« englischen Cottage-Garten mit seiner Mischung aus Zier- und Nutzpflanzen ausgehen, stellen wir fest, dass diese Art von Garten entgegen der landläufigen Meinung keineswegs so alt ist wie der Gartenbau selbst. Genau genommen finden wir vor der zweiten Hälfte des 18. Jahrhunderts keinerlei Hinweise auf traditionelle Cottage-Gärten. Natürlich gab es auch schon vor dieser Zeit kleine Gärten, doch waren diese entweder von den Wohlhabenden angelegt oder vom Durchschnittsbürger, der damit zu seinem Lebensunterhalt beitragen wollte. Der Cottage-Garten dagegen, in dem auch Pflanzen Platz finden, die ausschließlich wegen ihrer Schönheit angebaut werden, beruht auf zwei Voraussetzungen: Erstens muss der Gartenbe-

links Die beruhigende Atmosphäre des Sumpfgartens von East Lambrook Manor entsteht durch die Grüntöne der Astilben, Schwertlilien (*Iris*) und dem Tafelblatt (*Astilboides tabularis*) in der Bildmitte.

gegenüber Die beliebte Gallica-Rose (*Rosa gallica* 'Versicolor') mit den rot-weiß gestreiften Blütenblättern und ihrem würzigen Duft ist eine Spielart der berühmten Apothekerrose (*Rosa gallica* var. *officinalis*).

sitzer über ein Einkommen verfügen, das ihn in die Lage versetzt, Lebensmittel zu kaufen statt sie selbst anzubauen; und zweitens muss der Gärtner genügend freie Zeit haben, um einen solchen Garten auch genießen zu können. Der Cottage-Garten war deshalb nie das kleine Reich armer Bauern, was bereits in einem der ersten in England veröffentlichten Gartenbücher deutlich wird. Thomas Tussers *A hundreth good pointes of husbandrie* scheint jedoch nur auf den ersten Blick auf den »husband-man«, also den Kleinbauern oder Landarbeiter, abzuzielen, denn im England der Tudorzeit musste man schon recht wohlhabend sein, um lesen zu können und über die Mittel zum Kauf von Büchern zu verfügen. Aber welche Leser wollte der Autor ansprechen? Ganz einfach: Jene, die die vermeintlichen Vorzüge des Landlebens genießen wollten, also finanziell unabhängige Hobby-Gärtner. Schon damals gab es also Menschen, die ein Bedürfnis nach einem individuellen »Lifestyle« verspürten.

Jenseits des Atlantiks aber lagen die Dinge anders. Die ersten Siedler bauten Pflanzen an, um zu überleben, und so waren die ersten Gärten in den Kolonien rein funktionaler Natur: Sie zielten ausschließlich darauf ab, Nahrungsmittel und Heilpflanzen zu gewinnen. Obwohl sich die amerikanischen Gärten in dieser Hinsicht kaum von ihren englischen Vorbildern unterschieden und auch viele der angebauten Pflanzen aus der Alten Welt stammten, stellten diese Cottage-Gärten keine Spielwiese für Hobbygärtner dar, sondern dienten schlicht und einfach dem Überleben. Wie G. Taylor in seinem Buch *Old-Fashioned Gardening* (1912) anmerkte, befanden sich diese Gärten direkt am Haus; sie waren von einem Zaun umgeben, um Rinder oder Schweine abzuhalten, und mit so viel Gemüse und Blumen voll gestopft wie möglich.

Was die Pflanzen anbelangt, die zu Tussers Lebzeiten zur Verfügung standen, so verwendeten diejenigen, die so etwas wie einen eigenen »Lifestyle« pflegten, kaum andere als der Durchschnittsbürger. In Quellen wie Alexander Neckams (1157–1217) *De Naturis Rerum* und *De Laudibus Divinae Sapientiae*, die um das Jahr 1200 im Umlauf waren, sind insgesamt rund 140 Kulturpflanzen verzeichnet. Im 16. Jahrhundert war ihre Zahl bereits auf über 200 angewachsen. Die meisten davon waren »Mehrzweckpflanzen«, weil sie nicht nur als Nahrungs- oder Heilmittel dienten, sondern zugleich auch als Zierpflanzen. Erst im letzten Viertel des 16. Jahrhunderts entwickelte sich ein für den heutigen britischen Gärtner ganz charakteristisches Merkmal: seine Leidenschaft für Blumen. Der Ursprung dieser

ganz links Die Umrahmung durch eine Kletterrose und die blau blühende *Abutilon* verleiht diesem Hauseingang ein ausgesprochen einladendes Aussehen. Auf dem Weg über die Stufen streifen die Beine des Besuchers die überlegt plazierten Kräuter und setzen dabei deren Duft frei, der zusätzlich zur entspannten Atmosphäre beiträgt.

links Dass der Geist des Cottage-Gartens ohne weiteres auf die heutige Zeit übertragbar ist, zeigt dieser Garten in Connecticut. Mit seinem interessanten Schutzdach, den bequemen Stühlen und der üppigen Bepflanzung kann man an diesem Ort nicht nur die Kunst des Gärtnerns praktizieren, sondern sich auch entspannen und die Früchte seiner Arbeit genießen.

ganz links Ein Cottage-Garten ist immer eine Melodie aus verschiedenen Klängen, die zusammen eine Harmonie ergeben, weshalb auch das kleinste Detail bedacht werden will. In diesem Beispiel ergeben die Auswahl und die Anordnung der Pflanzen, der Grundriss des Gartens und die als Kontrapunkte fungierenden Ornamente zusammen ein wohl ausgewogenes Ganzes.

links Der Garten der dänischen Künstlerin Anne Just, in dem sich im streng formalen Wasserbecken Dahlien spiegeln, zeigt zum einen, dass Moderne und Tradition einander keineswegs ausschließen müssen, und zum anderen, dass sich der Stil des Cottage-Gartens in idealer Weise dafür eignet, formale und nicht formale Elemente miteinander zu vereinen. Darüber hinaus finde ich ganz grundsätzlich, dass man in keinem Garten auf Wasser verzichten sollte.

Leidenschaft ist jedoch im Ausland zu suchen. Unter Elisabeth I. war Großbritannien ein protestantisches Land, und so flohen zahlreiche Protestanten, die wegen ihres Glaubens auf dem Festland Verfolgungen ausgesetzt waren, ins britische Exil. Im Jahr 1576 beispielsweise wanderten viele Hugenotten ein, die auch ihre Liebe zu Pflanzen mit über den Kanal brachten. Pflanzenliebhaber gründeten eigene Vereine und versuchten, bestimmte Pflanzen durch Züchtung zu vervollkommnen. Da sie nur kleine Gärten besaßen, bevorzugten sie auch kleine, robuste Arten wie Ranunkeln, Anemonen, Aurikeln, Gartennelken, Hyazinthen, Stiefmütterchen, Bartnelken und Tulpen. Die Leidenschaft der Gärtner ging so weit, dass für besonders prächtige Neuzüchtungen mitunter ein ganzer Monatslohn hingeblättert wurde.

So kam es, dass die englischen Gärtner aller Schichten etwa um das Jahr 1600 eine Vorliebe für Blumen entwickelten – ein Trend, der auch auf andere Länder übergriff. Als in Amerika die Bedeutung des Gartens für die tägliche Ernährung zurückging, wurden – so Taylor – auch die dortigen Cottage-Gärten auf ähnliche Weise bepflanzt, nämlich mit »Gartennelken, Stockrosen, Zaunrosen, Heiligenkraut, Silberblatt, Englischen Rosen, Mutterkraut, Beinwell, Schöllkraut.« Zwischen diesen wuchsen wild durcheinander »Lattich und Sauerampfer, Ringelblumen, Petersilie, Kerbel, Wiesenknopf, Bohnenkraut, Thymian, Salbei, Pfefferminze, Poleiminze, Fenchel«.

Während des gesamten 18. Jahrhunderts erfreuten sich die amerikanischen Kolonien – und später die junge Nation – eines ständigen wirtschaftlichen Wachstums. Wohlstand und Frieden förderten zwar die Weiterentwicklung der Ziergärten, doch obwohl diese nun immer größer und großzügiger angelegt wurden, ähnelten sie im Stil ihren frühesten Vorläufern. Während Thomas Jeffersons Monticelli und George Washingtons Mount Vernon sich an der englischen Landschaftsgärtnerei orientierten, müssen Gärten wie der noch später (ca. 1807) von Benjamin Waller geschaffene in Williamsburg, der eindeutig noch unter dem Einfluss der Cottage-Gärten entstanden ist, als die typischeren angesehen werden.

Erst im späten 18. Jahrhundert, als unter Gartenliebhabern der Landschaftsgarten als letzter Schrei galt, wurde das Cottage selbst als Bestandteil des Gartens anerkannt. Im Jahr 1794 veröffentlichten zwei Nachbarn, Richard Payne Knight (1750–1824) und der talentiertere Sir Uvedale Price (1747–1829), *The Landscape* bzw. *An Essay on the Picturesque*. Beide bevorzugten den eher malerischen Garten. Im Gegensatz zu den Landschaften von »Capability« Brown (der 1783 verstorben war und von beiden Autoren posthum herabgewürdigt wurde), die fast schon natürlicher als die Natur selbst wirkten, schufen sie Landschaften wie Gemälde, wobei sie sich vorzugsweise an Bildern von Gaspard Dughet oder Claude Lorraine orientierten. In solchen Landschaften galt das Cottage – insbesondere das »cottage orné« (wörtlich »verziertes« oder »aufgeputztes« Cottage) – als willkommene Zugabe. Aber das Cottage wurde nicht nur zu einem wünschenswerten Bestandteil der Landschaft, sondern auch zum Heim bestimmter Mitglieder des niederen Landadels, die sich einen großen Landsitz mit dazugehörigem Gut einfach nicht leisten konnten.

> *Durch Schlüsselblumen zog in jenem grünen Haus*
> *das Kleine Immergrün sich hin mit seinen Ranken;*
> *ich stellt' mir vor, dass eine jede Blume auch*
> *die Atemluft genießt.* William Wordsworth

Nicht selten hat die Cottage-Idylle auch romantische Dichter und Schriftsteller angezogen. William Shakespeares Werke sind voller Anspielungen. William Wordsworth (1763–1835) zog im Dezember 1799 ins Dove Cottage in Grasmere und lebte dort mit seiner Frau Mary und seiner Schwester Dorothy bis zum Mai des Jahres 1808. Dies war nicht nur die Zeit seiner bedeutendsten dichterischen Leistungen; der Garten wurde auch zu einem zentralen Element des Lebens im Dove Cottage, in das William und Dorothy sehr viel Arbeit investierten. Das Projekt brachte der Familie viel Freude und wurde von ihren zahlreichen Gästen gebührend bewundert, unter ihnen auch Sir Walter Scott, Samuel Coleridge sowie Thomas de Quincey, Nachfolger der Wordsworths als Hausherr im Cottage.

Zu Beginn des Viktorianischen Zeitalters war das Cottage im Ansehen bereits stark gestiegen, denn nun lebten in der einstigen

links Ursprünglich spielte im Cottage-Garten Essbares eine ebenso große Rolle wie Zierpflanzen, während heute das Verhältnis zwischen beiden reine Geschmackssache ist. Nichts verändert hat sich jedoch an der Erkenntnis, dass auch ein Nutzgarten optisch sehr ansprechend ausfallen kann – auch wenn diese mit Buchsbaumhecken gesäumten Beete mit einer bunten Mischung aus Sommerblumen und Stauden nicht weniger eindrucksvoll wirken würden.

gegenüber Ein großer Vorteil einer dichten Bepflanzung besteht darin, dass man nicht so oft jäten muss. Und sollte einmal unerwartet eine Zierpflanze auftauchen, die sich selbst versamt hat (wie hier die weiße Margerite unter den Lichtnelken), gilt die Faustregel: Wenn sie nicht stört, warum nicht einfach stehen lassen?

Landarbeiterkate wohlhabende Angehörige der Oberschicht, die sich nach einem romantischen Künstlerleben in einer geschmackvollen, aber relativ einfachen Umgebung sehnten. Zwei wichtige literarische Quellen bieten einen Einblick in diese Art von Cottage-Garten: Zum einen *Our Village* (1832) von Miss Mitford, eine fiktionale Darstellung von *Three Mile Cross*, das gleichsam die Quintessenz aus etlichen echten Cottages in Hampshire darstellte, und zum anderen William Howitts *The Rural Life of England* (1838). Aus diesen Quellen lassen sich nach der zeitgenössischen Autorin Anne Scott-James zwei Arten von Cottage-Gärten heauskristallisieren:

»Typisch war zum einen das Cottage unmittelbar an der Straße mit einem schmalen, von einer Hecke oder einem Zaun begrenzten Vorgarten, der Blumen vorbehalten war, und einem größeren Garten hinter dem Haus für Gemüse, Beerensträucher, Tiere, Misthaufen, Regenwassertonne und Abort. Der kleine Vorgarten wurde manchmal auch als ›Vorhof‹ bezeichnet. Da die Fenster des Cottage nur wenige Fuß von den Passanten entfernt waren, standen meist reichlich Topfpflanzen auf der Fensterbank. Durchaus typisch war aber auch das weiter von der Straße entfernt gelegene Cottage mit einem Weg, der mitten durch den Garten zur Haustür führte. Der Hauptgarten lag dann vor dem Haus, und der erwähnte Weg war meist von Blumen gesäumt, hinter denen Gemüse in sauberen Reihen angebaut wurde. Auch unter den Fenstern waren Blumenbeete angelegt. Misthaufen, Schweinestall, Abort und Ähnliches wurden nach Möglichkeit hinter dem Haus versteckt. Bei beiden Grundrissen fanden an sonnigen Stellen Obstbäume ihren Platz; das Haus war dicht mit Kletterpflanzen berankt, und oft stand noch irgendwo eine Reihe von Bienenstöcken. Viele Bewohner von Cottages verfügten zudem über einen eigenen Brunnen oder einen kleinen Teich.«

Die genannten Quellen vermitteln auch ein klares Bild davon, was in diesen idyllischen Gärten alles angepflanzt wurde, und zeigen, dass sich seit Tussers Lebzeiten wenig verändert hatte. Weißdorn- oder Ilexhecken verliehen dem Garten Struktur, und der eine oder andere Baum sorgte für Schatten. Ein Liguster- oder Eibenbaum sowie kunstvoll in Form geschnittene Sträucher gaben dem Ganzen einen leicht formalen Anstrich. Das Cottage selbst diente als Hintergrund für Spalierobst und war dicht mit Kletterpflanzen wie Geißblatt, Breitblättrige Platterbse, Kletterrosen, Klematis, Winden, Jasmin, Passionsblume und Efeu berankt. Das Rückgrat des Ziergartens bildeten meist winterharte Pflanzen. Unter den Stauden gehörten dazu vor allem Stockrosen, Glockenblumen, Pfingstrosen, Nelken, Maiglöckchen, Glattblatt-Astern und Tuberose, unter den Sommerblumen Reseden, Levkojen, Gartenwicken und Rittersporn und unter den Zwiebelpflanzen Lilien, Tulpen, Krokusse und Schneeglöckchen. Neu war der Einsatz von Beetpflanzen. In den 30er-Jahren des 19. Jahrhunderts gab es bereits eine erstaunliche Auswahl an nicht winterharten Sommerblumen und Stauden, die Pflanzenjäger seit Mitte des 17. Jahrhunderts etwa in Südamerika oder Südafrika entdeckt hatten. Zu den Pflanzen, die sie mitbrachten, gehörten Pelargonien, Dahlien, Salbei und Zinnien. Erstaunlicherweise werden keine Gemüse- und Obstarten erwähnt, obwohl es sicher eine große Auswahl gab – etwa Wurzelgemüse, Kohl, Salate, Hülsenfrüchte und Zwiebelgewächse sowie Kräuter, Erdbeeren, Himbeeren, Johannisbeeren und Stachelbeeren. Neben der Flora hatte der Cottage-Garten aber auch noch eine Fauna zu bieten – ein Schwein etwa, Geflügel, oft Bienen und, wenn der Platz es erlaubte, auch einmal eine Kuh.

Infolge der Verarmung vieler Landbewohner entwickelte sich eine starke Bewegung, die darauf drängte, den Lebensstandard auch des ärmeren Teils der Landbevölkerung anzuheben. Ein früher Pionier dieser Bewegung war Uvedale Price (siehe Seite 13). Er gehörte zu einer Gruppe aufgeklärter Grundbesitzer, die Ende des 18. Jahrhunderts versuchte, das Los ihrer Pächter und Arbeiter zu verbessern und »Modelldörfer« zu schaffen. Prices Ansichten übten auch einen starken Einfluss auf John Claudius Loudon (1783–1843) aus, ein herausragender Gartenbuchautor seiner Zeit. Mit seiner schier grenzenlosen Energie begeisterte er die arbeitende Bevölkerung in den Vorstädten fürs Gärtnern. Es gelang Loudon auch, zahlreiche Großgrundbesitzer zu beeinflussen, die sich daraufhin bemühten, die Lebensbedingungen ihrer Arbeitskräfte zu verbessern, indem sie ihnen unter anderem einen Garten zur Verfügung stellten.

Im Jahr 1830 veröffentlichte William Cobbett (1762–1835), ein weiterer Agrar- und Sozialreformer, mit *Rural Rides* eine Sammlung bitterer, ausgesprochen dogmatischer Essays, in denen er seine Reisen in den 20er-Jahren des 19. Jahrhunderts durch das ländliche England beschrieb. Anlass dazu hatte ihm ein Bericht der Regierung geliefert, dem er mit großem Misstrauen begegnete. Als erzkonservativer Verteidiger der Landarbeiter und der von ihm geliebten Landschaft propagierte Cobbett die Rückkehr zu alten Werten, die seiner Ansicht nach durch die Industrielle Revolution verloren gegangen waren. Seine Schriften vermitteln vielfältige, wenngleich recht subjektive Einblicke in das englische Landleben zu Beginn des 19. Jahrhunderts.

rechts Die geometrische Regelmäßigkeit des im Fischgrätenmuster verlegten Pflasters kontrastiert mit dem gewundenen Weg, der den Besucher einlädt, durch die farblich sorgsam aufeinander abgestimmten Pflanzen zu der rustikal gezimmerten Holzbank zu schlendern. Zu den wesentlichen Bestandteilen der Pflanzung zählen Binsenlilie (*Sisyrinchium striatum*), Schwarznessel (*Ballota pseudodictamnus*), Elfenbeinmannsteu (*Eryngium giganteum*) sowie die Kronen-Lichtnelke (*Silene coronaria* 'Alba').

Cobbett hatte auch einige Zeit in Amerika verbracht, wo es bis dahin nur relativ wenige Publikationen für Besitzer von Cottage-Gärten gab. Eine Ausnahme bildete Walter Elders Buch *The Cottage Garden of America* (1848), das auf den »intelligenten Cottage-Bewohner« abzielte. Gemeint waren Angehörige der Mittelschicht, die in einem mittelgroßen Haus in einem Vorort oder auf dem Lande lebten und weniger als einen Morgen Land zur Verfügung hatten – also fast genau dieselbe sozioökonomische Gruppe, für die Tusser 300 Jahre zuvor geschrieben hatte. Im Gegensatz zu ihm hatte der »amerikanische Loudon«, Andrew Jackson Downing, Autor des sehr einflussreichen Buches *A Treatise on the Theory and Practice of Landscape Gardening Adapted to North America* (1841) sowie der Zeitschrift *The Horticulturist* (veröffentlicht seit 1845), die Besitzer solcher Häuser noch ausschließlich mit Rasen und Bäumen abspeisen wollen.

In den Gärten Englands kamen im 19. Jahrhundert die Beetpflanzen immer stärker in Mode, sodass vielfach die robusten, altmodischen Pflanzen in einen entlegenen Winkel des Gartens verbannt wurden. Im Ziergarten wurden sie ersetzt durch nicht winterharte Sommerblumen, die so kombiniert wurden, dass sie einen möglichst starken Farbeffekt erzielten. In den 60er-Jahren des 19. Jahrhunderts änderte sich die Mode wieder. Die Rückbesinnung auf eine naturnähere Form des Gärtnerns, bei der robuste, bewährte Pflanzen eine zentrale Rolle spielten, wurde von dem Iren William

links Auch wenn man beim Cottage-Garten-Stil fast automatisch an robuste Stauden denkt, geht sein langfristiger Erfolg nicht zuletzt auch auf die Tatsache zurück, dass immer wieder neue Pflanzen Aufnahme fanden, seien es Exoten wie Blumenrohr und Schmuckkörbchen oder auch Zwergkoniferen. Die unregelmäßigen Ränder der Pflanzung, die immer wieder den Weg überwuchert, lassen das Ganze noch weicher erscheinen.

gegenüber Mutter Natur ist unvergleichlich und erweist sich immer wieder als guter Lehrmeister, wenn es um die ästhetische Anordnung von Pflanzen geht. Aus diesem Grund versuchen wir Menschen immer wieder, sie zu imitieren; so auch hier, wo sich ein kurz geschnittener Grasweg durch eine Wildblumenwiese zieht, in der die Weiß- und Gelbtöne von Margeriten und Ferkelkraut dominieren.

Robinson (1838–1935) angeführt. In Übereinstimmung mit John Worlidge (auch Woolridge), der sich schon 200 Jahre zuvor in seinem 1677 erschienenen Werk *Systema horticulturae: or the art of gardening* darüber beklagt hatte, dass die Mode der streng formalen Gartengestaltung zur Verbannung vieler schöner altmodischer Blumen geführt hatte, betonte William Robinson immer wieder, wie stark der neue »natürliche« Stil von früheren Cottage-Gärten beeinflusst war. Er veröffentlichte 1870 *The Wild Garden* und 1883 *The English Flower Garden*.

Zu Robinsons Freunden und Unterstützern zählte auch die äußerst einflussreiche Gartenarchitektin Gertrude Jekyll (1843–1932). Miss Jekyll ist vor allem für ihre innovative Anwendung der aus der Malerei stammenden Farbentheorie auf Pflanzenarrangements bekannt geworden sowie dafür, dass sie der Rabatte zu großer Beliebtheit verholfen hat. Sie verfügte jedoch auch über ein breites Wissen über ländliche Traditionen und war zudem stark von den Cottage-Gärten beeinflusst. Letztere hatten für sie »einen schlichten Charme, den man in ambitionierteren Gärten vergebens sucht. Und die alten Gartenblumen scheinen zu wissen, dass sie hier am besten zur Geltung kommen.« Miss Jekyll hat Gartengestalter in der ganzen Welt beeinflusst, von Edna Walling in Australien bis hin zu Beatrix Farrand in Amerika, wo in den 50er-Jahren zwischen Bürgerkrieg und Erstem Weltkrieg »Großmutters Garten«, wie May Brawley Hill ihn in ihrem Buch von 1995 nennt, große Beliebtheit erlangte. Diese Gärten wurden von einer an der Vergangenheit orientierten ästhetischen Bewegung beeinflusst, die dem *Arts and Crafts Movement* in Großbritannien ähnelte. Ihre Vorläufer sind eindeutig die amerikanischen Cottage-Gärten des 17. und 18. Jahrhunderts.

Einer der einflussreichsten Gärten des 20. Jahrhunderts ist Sissinghurst in der englischen Grafschaft Kent. Die einzelnen »Räume« dieser perfekten Verbindung zwischen Harold Nicolsons klassischem Verständnis von Garten und den romantischen Neigungen Vita Sackville-Wests liefern jedem, der einen Cottage-Garten anlegen möchte, unzählige Anregungen, auch wenn es sich letztlich um einen sehr großen, wenn auch in zahlreiche kleine Bereiche unterteilten Garten handelt. Als *die* Cottage-Gärtnerin des 20. Jahrhunderts gilt Margery Fish (1892–1969), die in ihrem eigenen Garten in East Lambrook Manor in Somerset, den sie von 1938 bis zu ihrem Tod anlegte, eine völlig neue Form von Garten entwarf. Mit all den Winkeln und Nischen, in denen ein jeweils eigenes Mikroklima herrscht, schuf Mrs Fish, einen Garten, der voller interessanter Pflanzen war und das ganze Jahr über gut aussah, aber keinen übermäßig hohen Pflegeaufwand erforderte. Ihre Erfahrungen als »Wochenend-Cottage-Gärtnerin« schrieb Mrs Fish in ihrem berühmten Buch *We Made a Garden* (1956) nieder, der für alle Freunde von Cottage-Gärten ein Muss darstellt.

Was aber hält das 21. Jahrhundert für den Cottage-Garten bereit? In jedem Fall glaube ich fest daran, dass diese Art von Garten eine Zukunft hat und die Vergangenheit auch weiterhin wertvolle Anregungen liefern wird. Auf den folgenden Seiten hoffe ich, zeigen zu können, dass es beim Stil des Cottage-Gartens ebenso sehr auf die individuelle Note ankommt wie auf die Bepflanzung und sonstigen Elemente. So lassen sich mit diesem Stil Gärten anlegen, die den Geist des Cottage-Gartens ausströmen, zugleich aber auch die Persönlichkeit des jeweiligen Gärtners zum Ausdruck bringen.

Verschiedene Stile

Traditionell

Beim Begriff »Cottage-Garten« denkt man unwillkürlich an eine auf kleinem Raum untergebrachte Mischung aus Nutz- und Zierpflanzen. Die traditionelle Version eines solchen Gartens besticht durch das ausgewogene Verhältnis zwischen Schönheit und praktischem Nutzen, zwischen Blumen und Gemüsen.

gegenüber Ein wahrhaft internationaler Stil: Dieser »traditionelle« Cottage-Garten findet sich in Südafrika. Er ist schon deshalb als gelungen zu bezeichnen, weil er die Vorteile des Cottage-Garten-Stils – Flexibilität, Individualität und Pragmatismus – bestens zu nutzen weiß. Mit seinen Pflanzen, die – wie etwa Hibiskus – in diesem Klima besonders gut gedeihen, verbreitet er die Atmosphäre eines Cottage-Gartens mit einem zusätzlichen Hauch von Exotik.

Diese Anlage (Grundriss auf Seite 28–29) stellt eine Mischung aus formalen und nicht formalen Elementen dar, die auf der traditionellen, einem vierblättrigen Kleeblatt ähnelnden Anordnung der Beete mit einem kreisrunden Teich in der Mitte beruht. Während früher oft ein Brunnen oder ein Wasserbehälter (in dem vor Einführung des Gartenschlauchs der Gärtner seine Gießkannen füllte) den Teich ersetzte, hat der Brunnen in Gestalt einer Merkur-Statue hier vor allem dekorativen Charakter. Im hinteren Bereich des Gartens steht eine hölzerne Pergola, die mit duftenden Kletterpflanzen berankt ist. Anstelle einer Bank findet sich hier wegen der benachbarten Nutzbereiche – auf der einen Seite Komposthaufen und Frühbeete, auf der anderen ein Treibhaus – eine Statue von Flora, die über die üppige Pflanzenpracht wacht. Das klassische Standbild stellt eine Verbindung zum Merkur-Brunnen her und bildet einen Blickfang, der, nachts beleuchtet, noch wirkungsvoller in Szene gesetzt werden kann. Die in Gestalt von Vögeln beschnittenen Sträucher geben der Anlage ebenso wie die Stammrosen einen traditionellen Touch, während die wigwamartigen Rankhilfen rustikal und modern zugleich wirken.

Im traditionellen Cottage-Garten hätte man zerbrochene Steinplatten oder flache Steine aus den benachbarten Feldern als billige Materialien für Wege genutzt. Das authentischste Pflaster besteht deshalb aus großen, unregelmäßigen, in einem willkürlichen Muster verlegten Steinplatten. Die Fugen können mit Beton ausgegossen oder mit Kräutern wie kriechendem Thymian oder Römischer Kamille bepflanzt werden, die beim Betreten ihren Duft verströmen. Ein anderes traditionelles Material für Wege wäre gestampfte Erde, doch diese kann sich in einem feuchten Klima leicht in Schlamm verwandeln. Praktischer sind gleichmäßig zugeschnittene Natur-, Ziegel- oder Kunststeinplatten. Kies oder Splitt sind nicht zu empfehlen, da sie nie lange an Ort und Stelle bleiben und allzu leicht verschmutzen.

Begrenzt werden die Wege von 30 cm hohen Hecken aus immergrünem Schopflavendel, die der Anlage ganzjährig Struktur verleihen, sie im Sommer mit ihren Blüten bereichern und außerdem Bienen anlocken. Alternative Pflanzen für eine solche Hecke wären Echter Lavendel in Blau oder Weiß (*Lavandula angustifolia* bzw. *L. a.* 'Alba'), kleinwüchsiger Buchs (*Buxus sempervirens* 'Suffruticosa') oder Heiligenkraut (*Santolina chamaecyparissus*). Dahinter liegt ein schmales Beet, das einen Kontrast zum formalen Charakter der Hecke bildet und sich auch in der Höhe von ihr absetzt. Bepflanzt ist es mit einer bunten Mischung aus robusten Sommerblumen und einjährigen Kräutern. Diese versamen sich selbst und bilden auf diese Weise ein völlig natürliches Bild, das jederzeit durch andere Pflanzen ergänzt werden kann.

Diese Rabatte folgt der Grundregel für die Bepflanzung eines traditionellen Cottage-Gartens – nämlich dass es keine festen Regeln gibt. Alles ist eine Frage des persönlichen Geschmacks, auch wenn natürlich die üblichen Kriterien bei der Anordnung der Pflanzen ebenso eine Rolle spielen wie Bodenbeschaffenheit, Lage und Klima. Ich habe für diesen Garten einige meiner Lieblingspflanzen ausgewählt und würde im Lauf der Zeit neue hinzufügen; ich würde experimentieren (vor allem mit dem Gemüse) und weniger gut gedeihende Pflanzen entfernen.

Auch für die Materialien und die Gliederung eines Cottage-Gartens sollte es keine festen Vorschriften geben. Im vorliegenden Fall fanden vor allem Stein und Holz Verwendung, weil mir ihre natürliche, rustikale Anmutung gefällt

unten Vielfalt und Schönheit verbinden sich mit Farben und Formen. Büschel vom Mädchenauge (*Coreopsis verticillata* 'Moonbeam'), Federborstengras (*Pennisetum*), *Tithonia rotundifolia* und Verbene (*Verbena bonariensis)* sind eindrucksvoller als Einzelexemplare.

gegenüber Um Zeitlosigkeit und Dauer zu vermitteln, sollte sich der traditionelle Stil natürlicher Materialien bedienen, die gut zur »altmodischen« Bepflanzung passen. Hier spiegelt sich das Rotorange der Ziegelsteinpflasterung in den Blüten der Fackellilie (*Kniphofia)* wider.

und diese Materialien ebenso altern wie der Garten selbst. So tragen sie dazu bei, die harmonische Atmosphäre zu erhalten. Falls Sie aber etwas anderes bevorzugen, das in das Gesamtbild des Gartens passt, sollten Sie sich keinen Zwang antun. Im vorliegenden Beispiel stellt die Einfassung der vier Gartenteile mit rautenförmigen Rankgittern einen Bruch mit der Tradition dar. Die Gitter sollen die vier Bereiche deutlicher voneinander abgrenzen und den Gartenraum um ein vertikales Element erweitern. Berankt sind sie von Duft-Wicke, ebenso gut könnten es auch Rosen, Waldrebe, Jasmin, Geißblatt oder Passionsblume sein, und zwar sowohl einzeln als auch in unteschiedlichen Kombinationen. In jedem Fall aber sollte die Bepflanzung noch den einen oder anderen Durchblick erlauben.

Beim Bepflanzen der vier Beete eröffnen sich fast grenzenlose Möglichkeiten. So kann ein ganzes Beet mit Rasen begrünt und als Sitz- oder Spielfläche genutzt werden; ebenso gut können Sie auch eine Reihe von Knotengärten anlegen. Sie können den Garten auch dem Gemüseanbau nach dem Prinzip des vierjährigen Fruchtwechsels widmen: Jedes Beet wird mit einer bestimmten Pflanzengruppe bestückt – etwa Nachtschattengewächse, Wurzel- und Knollengemüse in ersten, Hülsenfrüchte im zweiten, Zwiebelgewächse im dritten und Kohlarten im vierten –, und nach jeder Saison werden diese Gruppen jeweils um ein Beet nach links versetzt. Im fünften Jahr erhalten Sie dann wieder dieselbe Anordnung wie im ersten.

Im vorliegenden Garten besteht ein ausgewogenes Verhältnis zwischen Nutz- und Zierpflanzen. Um reiche Erträge und zugleich eine dekorative Wirkung zu erzielen, wurden die Obstbäume nicht nur an den Mauern entlang erzogen, sondern auch an Rankgerüsten in den unterschiedlichsten Formen wie Kordons, Spalieren und Palmetten.

Im Herzen der Ziergartenviertel finden sich Rasenflächen, die vor neugierigen Blicken von außen geschützt sind; auf der einen steht eine Gartenschaukel, auf der anderen ein Holztisch mit Stühlen. Weitere Sitzgelegenheiten sind unter den von Glyzinen berankten Pergolen an den Enden der beiden Querwege. Die Ränder der Rasenflächen sind mit Gruppen von Stauden und Sommerblumen bepflanzt, die farblich aufeinander abgestimmt sind.

links Dieser Sitzplatz lädt förmlich dazu ein, in aller Ruhe und Beschaulichkeit den Blick auf den Garten zu genießen. Die solide Konstruktion der Überdachung vermittelt ein Gefühl der Unveränderlichkeit und schafft somit einen scharfen Kontrast zur jahreszeitlich bedingten Vergänglichkeit der Bepflanzung aus Kräutern, Sommerblumen und Stauden wie Schnittlauch (*Allium schoenoprasum*), Roter Fingerhut (*Digitalis purpurea* Excelsior-Gruppe), Wald-Vergissmeinnicht (*Myosotis sylvatica*) sowie der Funkie (*Hosta fortunei* 'Albomarginata').

gegenüber oben Dieser Garten in Cambridgeshire verkörpert in vollkommener Weise die Schönheit des Pflanzstils traditioneller Cottage-Gärten. Sie beruht auf der großen Vielfalt ebenso wie auf der Bedeutung, die dem Zufall bei der Entwicklung solcher Pflanzungen eingeräumt wird. Wir finden hier so unterschiedliche Pflanzen wie Steppenkerze (*Eremurus*), Meerkohl (*Crambe cordifolia*), Orientalische Schwertlilie (*Iris orientalis*) sowie den Diptam (*Dictamnus albus* var. *purpureus*). Neu hinzukommende Pflanzen werden einfach dort eingesetzt, wo gerade Platz ist.

unten Ein ganz entscheidender Aspekt des Cottage-Gartens ist seine individuelle Gestaltung. In diesem französischen Garten ist der Kranich aus Metall nicht nur einen echten Blickfang, sondern verleiht ihm auch eine persönliche Note, die einen schönen Kontrast sowohl zur traditionellen, regelmäßig geschnittenen, sehr formalen Buchsbaumhecke um die Beete als auch zu ihrer weniger strengen, in den unterschiedlichsten Pinktönen leuchtenden Bepflanzung bildet, die von Rosen und Rittersporn dominiert wird.

Pflanzen für einen traditionellen Garten

1 Schopflavendel (*Lavandula stoechas*)
2 Blaue Passionsblume (*Passiflora caerulea*) **3** Roter Kopfsalat **4** Grüner Kopfsalat **5** Karotten **6** Rettich
7 Frühlingszwiebeln **8** Rosenkohl **9** Grünkohl
10 Glyzine (*Wisteria sinensis*) **11** Glyzine *W. sinensis* 'Alba'
12 Eibe (*Taxus baccata*)
13 Rose (*Rosa* 'Zéphirine Drouhin')
14 Waldrebe (*Clematis* 'Arctic Queen')
15 Rose (*Rosa gallica* 'Versicolor')
16 Duft-Wicke (*Lathyrus odoratus*)
17 Birnbaum-Palmette **18** Apfelspalier **19** Pfirsich-Palmette **20** Feigenspalier **21** Pflaumen-Palmette **22** doppelter Apfel-Kordon **23** Mispel-Palmette **24** Wein (Mehrfachkordon) **25** Sauerkirschen-Palmette
26 Tomaten **27** Buschbohnen **28** Erbsen **29** Feuerbohnen **30** Neue Kartoffeln

Pflanzschema A

Echter Jasmin (*Jasminum officinale*)
Geißblatt (*Lonicera periclymenum* 'Graham Thomas')
Rose (*Rosa* 'Blush Rambler')

Pflanzschema B

Schnittlauch (*Allium schoenoprasum*)
Löwenmaul (*Antirrhinum*, gemischt)
Kornblume (*Centaurea cyanus*, blau, pink und weiß)
Gartenrittersporn (*Consolida ajacis*, Zwergform)
Nelke (*Dianthus* 'Musgrave's Pink')
Bartnelke (*D. barbatus*)
Fenchel (*Foeniculum vulgare*)
Jupiter-Lichtnelke (*Silene flos-jovis*)
Ährige Minze (*Mentha spicata*)
Wald-Vergissmeinnicht (*Myosotis sylvatica*)
Jungfer im Grünen (*Nigella damascena*)
Basilikum (*Ocimum basilicum*)
Mohn (*Papaver commutatum*)
Blattpetersilie (*Petroselinum crispum*)
Gartensalbei (*Salvia officinalis*)
Samt-Skabiose (*Scabiosa atropurpurea*)
Hohe Studentenblume (*Tagetes erecta*)

Pflanzschema C

Schafgarbe (*Achillea* 'Lachsschönheit'
Sternkugel-Lauch (*Allium cristophii*)
Stockrose (*Alcea rosea*)
Inkalilie (*Alstroemeria*, gemischt)
Löwenmaul (*Antirrhinum*, gemischt)
Glockenblume (*Campanula latifolia*, weiß)
Wachsblume (*Cerinthe major* 'Purpurascens')
Kosmee (*Cosmos sulphureus* 'Polidor')
Wilde Artischocke (*Cynara cardunculus*)
Rittersporn (*Delphinium* 'Fenella')
Gartennelke (*Dianthus caryophyllus*)
Roter Fingerhut (*Digitalis purpurea* fo. *albiflora*)
Weberkarde (*Dipsacus sativus*)
Roter Scheinsonnenhut (*Echinacea purpurea*)
Steppenkerze (*Eremurus spectabilis*)
Steppenkerze (*E.* x *isabellinus* Shelford-Hybriden)
Freesie (*Freesia* Super-Giant-Serie, gemischt)
Storchschnabel (*Geranium* 'Johnson's Blue')
Sonnenblume (*Helianthus annuus* 'Eversun')
Isoplexis canariensis
Lilie (*Lilium* 'Star Gazer')
Königslilie (*L. regale*)
Lupine (*Lupinus* 'My castle')
Lupine (*L. mutabilis* subsp. *cruckshanksii* 'Sunrise')
Indianernessel (*Monarda* 'Croftway Pink')
Phlox (*Phlox paniculata* 'Harlequin')
Verbene (*Verbena bonariensis*)

Pflanzschema D

Seerose (*Nymphaea* 'Gonnère')
Seerose (*N.* 'Odorata Sulphurea Grandiflora')

Pflanzschema E

Schmucklilie (*Agapanthus* 'Liliput')
Färberkamille (*Anthemis tinctoria* 'E. C. Buxton')
Schmuckkörbchen (*Cosmos bipinnatus*, pink)
Rittersporn (*Delphinium* 'Sungleam')
Nelke (*Dianthus* 'Alice')
Roter Fingerhut (*Digitalis purpurea* fo. *albiflora*)
Mittagsblume (*Dorotheanthus bellidiformis*)
Roter Scheinsonnenhut (*Echinacea purpurea*)
Storchschnabel (*Geranium* 'Johnson's Blue')
Storchschnabel (*G. procurrens*, *G. psilostemon*)
Taglilie (*Hemerocallis* 'Mauna Loa')
Braunrote Taglilie (*H. fulva* 'Flore Pleno')
Sumpfblume (*Limnanthes* douglasii)
Brennende Liebe (*Silene chalcedonica*)
Levkoje (*Matthiola incana* Brompton-Gruppe)
Levkoje (*M. i.* East-Lothian-Gruppe)
Wunderblume (*Mirabilis jalapa*, weiß, pink, rot)
Brunnenkresse (*Nasturtium*, gemischt)
Katzenminze (*Nepeta sibirica* 'Souvenir d'André Chaudron')
Tabak (*Nicotiana alata*)
Jungfer im Grünen (*Nigella damascena*, weiß)
Jungfer im Grünen (*N. d.* 'Miss Jekyll')
Bartfaden (*Penstemon* 'Stapleford Gem')
Garten-Reseda (*Reseda odorata*)
Pracht-Salbei (*Salvia splendens* 'Rambo')
Samt-Skabiose (*Scabiosa atropurpurea*)

10
11
13
14
C
14
8
9
B
B
12
B
15
15
1
16
16
C
B
B
B
1
1
1
D
16
16
1
B
1
12
22
30
30
E
27
29
B
B
E
30
28
B
22
10
11
26
20
21
23
24
25
1

Tapisserie

Eine nicht formale, willkürliche und lebhafte Pflanzung im Tapisserie-Stil beruht auf dem Einsatz kleiner Büschel anstelle großer Flächen altmodischer Zierpflanzen. Der Gesamteindruck einer solchen Pflanzung mit ihren Farben, Formen und unterschiedlichen Höhen erinnert an die Pracht eines Wandteppichs.

unten Hier ist der Tapisserie-Stil perfekt in größerem Maßstab umgesetzt. Einzelne Pflanzen wären eher auf einer kleineren Fläche angebracht. Büschel sehr unterschiedlicher Pflanzen – von der Dahlie bis zum Purpurglöckchen – tragen zur Formenvielfalt bei.

gegenüber Die kräftigen Rot- und Gelbtöne der Taglilie ergänzen sich, während ihre warmen Blütenfarben mit dem metallischen Blau der Edeldistel und den bleifarbenen Samenkapseln des Mohns kontrastieren.

Hochbeete sind nicht nur praktisch, attraktiv und leicht anzulegen, sondern auch ideal geeignet, einen begrenzten Raum optimal zu nutzen und dem Garten rasch eine gewisse Struktur zu verleihen. Wegen ihrer überschaubaren Größe sind sie außerdem leicht zu pflegen. Das Material, aus dem Hochbeete gebaut sind, trägt dazu bei, dem Garten eine bestimmte Atmosphäre zu verleihen. In einen Cottage-Garten passen am ehesten natürliche Materialien wie Holz, geflochtene Weide, Stein oder verwitterter Ziegelstein. Wer es moderner liebt, kann auch Edelstahl, eingefärbten Beton, farbigen Kunststoff oder undurchsichtiges, sandgestrahltes Glas verwenden.

Eine der einfachsten Möglichkeiten wäre eine dichte Folge rechteckiger Beete, die dem Ganzen einen mittelalterlichen Touch verleiht. Diese Anordnung ist sehr praktisch, wenn ein Teil des Gartens mit Gemüse bepflanzt werden soll; sie macht den Fruchtwechsel und die Bearbeitung der Beete leicht, und mit etwas Planung kann man viele verschiedene Nutzpflanzen anbauen.

Zahlreiche Quellen bieten jedoch Anregungen für eine dekorativere Gartengestaltung – wie etwa flämische Wandteppiche, elisabethanische Stickereien, französische Renaissance-Tapeten, die Muster eines William Morris oder traditionelle amerikanische Quilts ebenso wie die Werke zeitgenössischer Maler. Die Inspiration für den Plan auf den Seiten 36–37 lieferte mir ein Irland-Urlaub, wo mich die unterschiedlichen Grüntöne der Landschaft faszinierten und wo ich außerdem das *Book of Kells* sowie alte keltische Kreuze sah. Ersteres regte mich zu der von mir gewählten Art der Bepflanzung an, Letzteres zur Farbpalette und zum Plan des Gartens. Statt den Garten mit einer komplizierten Anordnung von Hochbeeten auszustatten, entschied ich mich für einen hölzernen Rahmen, der sowohl vom Innern des Gartens als auch von oben betrachtet interessant aussieht, ohne dabei zu dominierend zu wirken. An den Enden des Gartens liegen Hochbeete, die auf einem Muster aus einer keltischen Stickerei basieren, der Blickfang in der Mitte ist in Stufen angelegt. Die Krönung im Zentrum des Gartens ist meine Version des Blarney Stone – ein Steinblock, aus dem Wasser sprudelt.

Fließendes Wasser gibt jedem Garten eine neue Dimension, weil es ihm Dynamik verleiht, das Licht spiegelt und eine beruhigende Geräuschkulisse erzeugt. Wasser stellt auch eine Verbindung her zwischen dem formalen Garteneingang und der nicht formalen Rasenfläche mit

Weg, und zwar in Gestalt eines Kanals zwischen zwei runden Becken im Boden. Jeweils in der Mitte dieser beiden Becken befindet sich ein kleiner Springbrunnen. Ein weiteres verbindendes Element ist die Farbe Grün. Hinter dem Garteneingang findet sich, eingerahmt von Kieselsteinen, ein Flickenmuster aus verschiedenen Thymianarten, deren unterschiedliche Grüntöne an die Landschaft Irlands erinnern. Inmitten der grünen Rasenfläche, durch die sich ein Weg zum Sitzplatz schlängelt, umrahmen niedrige, exakt beschnittene Buchsbaum- und Ysop-Hecken die Hochbeete in der Mitte.

Die Bepflanzung eines Cottage-Gartens ist immer eine Frage des persönlichen Geschmacks – unabhängig von der gewählten Thematik. Grenzen werden lediglich von den allgemeinen gestalterischen Grundregeln gesetzt. Im vorliegenden Fall besteht die Bepflanzung überwiegend aus Stauden und Zwiebelpflanzen, die einen Teppich aus Form und Farbe bilden, während ihre Blütenfarben die ganze Pracht mittelalterlicher Handschriften widerspiegeln, wir wir sie im *Book of Kells* vorfinden. Die Pflanzen sind nach Farben angeordnet, wobei einzelne Töne und Nuancen eine große Rolle spielen. Um den Tapisserie-Effekt und den Gegensatz zu den größeren Farbblöcken deutlicher hervorzuheben, bestehen die gemischten Beete aus willkürlich gepflanzten Einzelexemplaren.

Die Beete am Anfang und am Ende des Gartens verleihen ihm Harmonie. Sie sind für die Gesamtwirkung des Gartens von ganz entscheidender Bedeutung. Die Komposition kräftiger Blau-, Mauve- und Purpurtöne sowie vereinzelte Farbkleckse von Pfingstrosen, Fingerhut, Sterndolden, Glockenblumen und Steppenkerzen kontrastieren mit der weißen, wegen ihres köstlichen Dufts am Gartentor platzierten Königslilie und der Riesenlilie, die dem hinteren Ende des Gartens mehr Höhe gibt. Hier zieht das Taglilien-Beet mit seinen warmen Farben die Blicke auf sich und vergrößert zugleich den Kontrast zu den Weißtönen und den blauen Schmucklilien, die zusammen einen eindrucksvollen Hintergrund für die Sitzecke bilden. Um zusätzlich Höhe zu gewinnen, sind die einzelnen Beete in Stufen angeordnet, und für den Fall, dass die Beweglichkeit des Gärtners eingeschränkt ist, lassen sich auch stark erhöhte Beete anlegen, die sogar vom Rollstuhl aus gut erreichbar sind. In den Hoch-

oben Der Tapisserie-Stil kann sehr unterschiedlich interpretiert werden. In diesem Steingarten wirken niedrige Arten wie Sonnenröschen (*Helianthemum*) und Sumpfblume (*Limnanthes douglasii*) wie ein Teppich.

gegenüber In diesem Cottage-Garten sorgen Sträucher, Stauden und Zweijährige – darunter Rotkelchige Nachtkerze (*Oenothera glazioriana*), Echter Lavendel (*Lavandula angustifolia*) und Paternosterstrauch (*Osteospermum*) – zu jeder Jahreszeit für neue Eindrücke.

rechts In diesem Garten in Wales bilden Storchschnabel (*Geranium*), Tränendes Herz (*Dicentra*) und Nelken (*Dianthus*) einen Unkraut unterdrückenden, pflegeleichten Teppich in leuchtenden Farben – ein attraktiver Vordergrund für die Bank und ein Kontrast zur Steinmauer.

beeten in der Mitte dieses Plans nehmen fünf niedrig wachsende Storchschnabelarten das Grundprinzip des Thymianbeets wieder auf. Die Staudenpfingstrose *Paeonia lactiflora* 'Sarah Bernhardt' überragt die Wicken, die an Stäben wachsen, die knapp unterhalb der Hecke angebracht sind, sodass die Blüten unmittelbar über die Hecke hinausschauen (eine Alternative wären Kletterrosen). Die kleinen Beete mit den Königslilien sind nicht nur ein schöner Blickfang, sondern auch ein Bindeglied zu den beiden Enden des Gartens.

Es gibt so verschiedene Möglichkeiten für eine solche Pflanzung, wie Tapisserie-Muster existieren. So können Reihen von Pflanzen miteinander verwoben werden; das Farbspektrum in jedem einzelnen Beet kann verändert werden; ein Teppich aus unterschiedlichen Bodendeckern kann einen Flickenmuster-Effekt bewirken. Damit der Garten pflegeleicht ist und die Blühperiode möglichst lange dauert, könnten Sie anstatt der Stauden auch blühende Ziersträucher mit interessantem Laub wählen und mit Stauden und Zwiebelblumen unterpflanzen.

Pflanzen für einen Garten im Tapisserie-Stil

1 Schmucklilie (*Agapanthus* 'Bressingham Blue')
2 Riesenlilie (*Cardiocrinum giganteum*)
3 Geißblatt (*Lonicera* x *italica*)
4 Buchsbaum (*Buxus sempervirens* 'Suffruticosa')
5 Königslilie (*Lilium regale*)
6 Röm. Kamille (*Chamaemelum nobile*)

Pflanzschema A

Schmucklilie (*Agapanthus inapertus* subsp. *intermedius*)
Weißer China-Beifuß (*Artemisia lactiflora*)
Sterndolde (*Astrantia major*)
Sterndolde (*A. major* 'Sunningdale Variegated')
Glockenblume (*Campanula persicifolia* subsp. *sessiliflora*)
Glockenblume (*C. persicifolia* var. *alba*)
Roter Fingerhut (*Digitalis purpurea*)
Roter Fingerhut (*D. purpurea* fo. *albiflora*)
Roter Scheinsonnenhut (*Echinacea purpurea*)
Steppenkerze (*Eremurus* x *isabellinus* Shelford-Hybriden (weiß und gelb)
Knautie (*Knautia macedonica*)
Chinaschilf (*Miscanthus sinensis* 'Gracillimus')
Pfingstrose (*Paeonia officinalis* 'Rubra Plena')
Strauchpäonie (*P. suffruticosa* 'Godaishu')
Verbene (*Verbena bonariensis*)

Pflanzschema B

Inkalilie (*Alstroemeria*, gemischt)
Kosmee (*Cosmos*, pink, weiß und zitronengelb)
Wilde Artischocke (*Cynara cardunculus*)
Rittersporn (*Delphinium* Belladonna-Gruppe 'Cliveden Beauty')
Roter Fingerhut (*Digitalis purpurea*)
Roter Fingerhut (*D. purpurea* fo. *albiflora*)
Steppenkerze (*Eremurus robustus*)
Steppenkerze (*E.* x *isabellinus* Shelford-Hybriden, gelb)
Prachtscharte (*Liatris spicata*)
Prachtscharte (*L. spicata* 'Alba')
Lilie (*Lilium* 'Destiny')
Lilie (*L.* Golden-Splendor-Gruppe)
Königslilie (*L. regale*)
Lupine (*Lupinus* Band of Nobles-Serie)
Kronen-Lichtnelke (*Silene coronaria* 'Alba')
Tabak (*Nicotiana alata*)
Verbene (*Verbena bonariensis*)
Ähriger Ehrenpreis (*Veronica spicata* 'Romiley Purple')

Pflanzschema C

Storchschnabel (*Geranium cinereum*)
Storchschnabel (*G. dalmaticum*)
Storchschnabel (*G. farreri*)
Storchschnabel (*G. pylzowianum*)
Storchschnabel (*G. sanguineum* var. *striatum*)

Pflanzschema D

Ysop (*Hyssopus officinalis*)
Duft-Wicke (*Lathyrus odoratus*, gemischt)
Staudenpfingstrose (*Paeonia lactiflora* 'Sarah Bernhardt')

Pflanzschema E

Thymian (*Thymus* 'Porlock')
Azoren-Thymian (*T. caespititius*)
Thymian (*T. carnosus*)
Thymian (*T. herba-barona*)
Filziger Thymian (*T. pseudolanuginosus*)
Quendel (*T. serpyllum* 'Annie Hall')
Echter Thymian (*T. vulgaris*)

Pflanzschema F

Taglilie (*Hemerocallis* 'Golden Chimes')
Taglilie (*H.* 'Luxury Lace')
Taglilie (*H.* 'Mauna Loa')
Taglilie (*H.* 'Millie Schlumpf')
Taglilie (*H.* 'Scarlet Orbit')
Taglilie (*H.* 'Siloam Virginia Henson')
Taglilie (*H.* 'Blushing Belle')
Taglilie (*H. citrina*)
Taglilie (*H. fulva* 'Flore Pleno')

B
B
B
A
C
C
5
C
D
C
C
D
C
5
5
4
C
C
E
E
6
E
5
5
C
C
E
E
4
C
D
C
C
D
C
C
C
5
A
B
B
B

Nützlich

Der moderne Gemüsegarten bedeutet so viel mehr als der Küchengarten vergangener Zeiten: Er ist eine ganz bewusste Hommage an Gemüse, Kräuter und Obst, die ebenso ihrer Schönheit und ihrer dekorativen Wirkung wegen kultiviert werden wie wegen ihrer Nützlichkeit und ihres Nährwerts.

oben Der einfache Zaun um diesen französischen Obstgarten strahlt ebenso wie die Blumentöpfe und der Laubengang aus rostigem Eisen zusammen mit der Mischung aus Gemüsen, Kräutern und Zierpflanzen ländlichen Charme aus.

Einst galten essbare Feldfrüchte als die armen Vettern des Ziergartens, und so überließ man sie den Gemüsefreaks. Doch inzwischen haben Nachrichten über Pestizidrückstände in Lebensmitteln und die Angst vor den Folgen genetisch veränderter Sorten auf Gesundheit und Umwelt das Bewusstsein der Verbraucher geschärft, was einen wahren Boom für organisch erzeugte Gemüse ausgelöst hat. Wer genügend Platz hat, baut längst sein Gemüse wieder selber an. In vieler Hinsicht war schon der traditionelle Cottage-Garten ein Gemüsegarten im modernen Sinne, weil in ihm Nutz- und Zierpflanzen so kombiniert wurden, dass sie das Auge des Betrachters ebenso erfreuten wie seinen Gaumen. Mit verschiedenen Gemüsen lässt sich im Ziergarten eine äußerst dekorative Wirkung erzielen, ob nun die einzelnen Gartenbereiche streng voneinander getrennt sind wie im traditionellen Garten (Seiten 28–29) oder keinerlei feste Grenzen mehr existieren. In der Tat ist bei der letzten Variante, bei der so man-

rechts Soll ein Gemüsegarten auch optisch Eindruck machen, kommt es auf Formen ebenso an wie auf die Bepflanzung. In diesem australischen Nutzgarten unterstreicht das Laub der Zwiebeln, Artischocken und Paprika die geradlinige Anlage des Gartens. Unterschiedliche Materialien und die überraschende und sehr wirkungsvolle Höhenabstufung schaffen Spannung.

ches Gemüse auch in Rabatten und Beeten mit Zierpflanzen zu finden ist, bestens auf den Stil des Cottage-Gartens zu übertragen. So wachsen Karotten neben Glockenblumen, Tomaten Seite an Seite mit Wiesenraute, Kopfsalat zwischen Leinkraut und Bohnen ranken sich an Kletterhilfen hoch, wodurch der Garten zusätzlich an Höhe gewinnt. Auch hier gibt es keine festen Regeln. Pflanzen Sie einfach dort, wo Sie Platz finden, das an, was Sie später essen möchten.

Der Plan auf den Seiten 44–45 ist allerdings schon eine Weiterentwicklung dieses Prinzips. Inspiriert von so berühmten Gemüsegärten wie Villandry, dem Potager du Roi in Versailles und dem Garten der verstorbenen Rosemary Verey im englischen Barnsley House, ist der formale Grundriss so angelegt, dass auf relativ begrenztem Raum ein breites Spektrum essbarer Pflanzen so Platz findet, dass ihre Schönheit voll zur Geltung kommt. Ihre Farbe, Form, Struktur und Anordnung stehen hier im Mittelpunkt. Und mit Ausnahme des Schopflavendels – aber sogar dessen Blüten lassen sich zum Aromatisieren einsetzen – produziert jede Pflanze etwas Essbares.

Doch ganz abgesehen vom Ertrag eines solchen Gartens braucht auch der heutige Cottage-Gärtner Raum, sich zu entspannen und die Früchte seiner Arbeit zu genießen. An das Haus angebaut ist eine erhöhte hölzerne Veranda, auf der Stühle und Bänke aufgestellt werden können, und in der Mitte dieses Gemüseparadieses befindet sich eine teils mit Rankgittern abgetrennte Fläche mit Esstisch und Stühlen und einer Plane darüber, die neben Schatten auch etwas Schutz vor Regen bietet. Jeder Raum wird genutzt: Die Rankgitter dienen als Stütze für als Spaliere erzogene Apfelbäume. Das Laub des Lavendels steht in schönem Kontrast zu den grünen Apfelbaumblättern, auch wenn der Lavendel in erster Linie wegen seines Dufts und seiner Blüten gepflanzt wurde. Alternativ kann man die Beete als Kräutergarten anlegen; dabei kann jeder die Düfte wählen, die er an einem lauen Sommerabend am liebsten genießen möchte. Vervollständigt wird die entspannende Atmosphäre von plätscherndem Wasser in den vier Becken im Zentrum des Gartens und in den Becken am Ende der quer verlaufenden Wege. Auch beim Blick vom Esstisch zum Haus ist Wasser im Spiel: Löwenköpfige Wasserspeier an der Wand zur Veranda ergießen sich in einen Wassergraben am Fuß der Mauer und unter den hölzernen Stufen, die zum Garten hinabführen.

Das Steinpflaster, auf dem Tisch und Stühle stehen, kontrastiert mit dem im Fischgrätenmuster verlegten Ziegelsteinbelag der Wege und der Beeteinfassung. Bei Letzterer sind die Ziegelsteine mit der kürzeren Seite nach außen im 45°-Winkel im Boden versenkt, was der Einfassung ein sägezahnähnliches Aussehen gibt. Eine solche Umrandung ist nicht unbedingt nötig, hebt jedoch die Beete klarer hervor und verhindert, dass Erde auf die Wege kommt. Zu empfehlen sind auch ältere, verwitterte Ziegel, die dem Ganzen ein gewachsenes Aussehen verleihen. Sie können im Korbmuster, im 90°-Fischgrätenmuster oder horizontal verlegt werden. Die verschiedenen Pflastersteine bieten eine noch größere Auswahl an Mustern und Farben.

Ein kunstvoll angelegter Gemüsegarten ist zwar auch dann ein äußerst attraktiver Anblick, wenn ganz alltägliche Gemüse angebaut werden; in diesem Fall aber habe ich mich, um die optische Wirkung zu steigern, für Sorten von besonders dekorativem Aussehen entschieden, darunter braunviolette Tomaten, scharlachrote Auberginen, gelbe französische Stangenbohnen, rot-weiß gescheckte Bohnen und hellvioletter Spargel. Ebenso gut können Sie aber auch ungewöhnliche Gemüsearten verwenden. Ein Beispiel sind Helmbohnen und Okra; Alternativen wären Kürbisse, die essbaren Früchte des Nachtschattens *Solanum* x *burbankii*, Erdnüsse (*Arachis hypogaea*), Kohlrabi (*Brassica oleracea* Gongylodes-Gruppe) und Lauchblättriger Bocksbart (*Tragopogon porrifolius*).

links Die kunstvoll geschwungene Kuppel auf dem Gartenpavillon, die das Orange der Ringelblumen aufnimmt, schafft in diesem dänischen Gemüsegarten einen schönen Hintergrund für die Reihen aus Zuckermais und Lauch.

rechts Optisch ebenso geschmackvoll wie kulinarisch: Die vier Sorten Kopfsalat ergänzen die ruhigen Farben des Kohlrabi. Die immer größere Auswahl an Ziergemüse bietet zahllose Möglichkeiten für die Anlage spannender, exotischer und dekorativer Beete.

unten Der Grundriss mit einer Reihe rechteckiger, von hölzernen Rahmen umgebener Beete ist einfach. Trotzdem bietet dieser Garten durch die sorgfältig ausgewählten großen Pflanzen – wie die den Vordergrund dominierenden Feuerbohne – und die gelungene Mischung von Nutz- und Zierpflanzen ein farbenfrohes, ansprechendes Gesamtbild.

links Auch wenn Schnittlauch in aller Regel eher wegen seiner essbaren Blätter als wegen seiner Blüten angebaut wird, stellt er mit seinen runden, hellvioletten Blütenständen in diesem Gemüsegarten einen perfekten Kontrast zur formal geschnittenen Buchsbaumhecke sowie zum jungen Zuckermais dar.

gegenüber Dieser Gemüsegarten in Tasmanien ist ein erstklassiges Anschauungsobjekt dafür, wie sich ein Garten in den Charakter einer Landschaft anpassen kann. Mit seinen Bohnenstangen und den als Kordons erzogenen Apfelbäumen ist die Anlage des Gartens ebenso schlicht wie die verwendeten Materialien.

unten links Schönheit ist das, was dem Betrachter ins Auge fällt. So sehr einem auch beim Blick über einen Gemüsegarten die Augen übergehen mögen, kann ein Blick aus nächster Nähe auf den Einfallsreichtum der Natur doch ebenso faszinierend sein.

unten rechts Form und Blüten im Gleichklang: Das Goldgrün dieser reifenden Birnen harmoniert vollkommen mit dem Weißgrün der noch geschlossenen Blütenstände der Fetthenne. Dasselbe gilt für die vertikale Ausrichtung der an einer Wand erzogenen Obstbäume und die in horizontaler Richtung verwobenen Zweige der Beeteinfassung.

Das Pflanzmuster in den Beeten ist entscheidend für den Gesamteindruck. Je nachdem, ob man ganze Beete mit ein und demselben Gemüse bepflanzt, die Pflanzen in Reihen oder Gruppen setzt oder alle Samen mischt und nach dem Zufallsprinzip verteilt, lassen sich ganz unterschiedliche Effekte erzielen. Ebenso können Sie auch ein paar Beerensträucher oder Obstbäume an den Wänden erziehen oder in Beete setzen und mit Gemüse unterpflanzen.

Um den visuellen Aspekt zu optimieren, ist der hier vorgestellte Garten auf eine Ernte im späten Frühjahr und im Sommer ausgerichtet. Ein sorgfältig geplanter Gemüsegarten ist jedoch das ganze Jahr über produktiv.

Und wenn Sie mit der Anlage Ihres Gemüsegartens fertig sind und doch Blumen vermissen, können Sie ihn in einen reinen Ziergarten oder in eine bunte Mischung aus Nutz- und Zierpflanzen verwandeln.

ganz oben Zum Trocknen aufgehängte Zwiebeln sind eine praktische, wenn auch nur vorübergehende Dekoration.

oben Entscheidend ist das Gleichgewicht zwischen Laub, Formen und Blüten der verwendeten Pflanzen. Hier kontrastieren die breiten, stachligen, zweifarbigen Blätter der Mariendistel (*Silybum marianum*) mit den dünnen, peitschenartigen Blättern und runden Blütenständen des Schnittlauchs (*Allium schoenoprasum*).

Pflanzen für einen Gemüsegarten

1 Stangenbohne (*Phaseolus vulgaris* 'Goldfield')
2 Zwerg-Gartenbohne (*Phaseolus vulgaris* 'Purple Teepee')
3 Zwerg-Gartenbohne (*Phaseolus vulgaris* 'Borlotto Lingua di Fuoco Nano')
4 Purpurrotes Basilikum (*Ocimum basilicum* var. *purpurascens*)
5 Rucola (*Eruca vesicaria* subsp. *sativa*)
6 Gartenkürbis (*Cucurbita pepo* 'Gold Rush')
7 Kopfsalat (*Lactuca sativa* 'Revolution')
8 Kopfsalat (*Lactuca sativa* 'Fristina')
9 Möhre (*Daucus carota* 'Parmex')
10 Spargel (*Asparagus officinalis* 'Purple Jumbo')
11 Wilde Artischocke (*Cynara cardunculus*)
12 Apfel (*Malus domestica* 'Red Falstaff')
13 Schopflavendel (*Lavandula stoechas*)
14 Mangold (*Beta vulgaris* subsp. *cicla* 'Bright Lights')
15 Griechisches Basilikum (*Ocimum basilicum* var. *minimum* 'Greek')
16 Faselbohne (*Lablab purpureus* 'Ruby Moon')
17 Okra (*Abelmoschus esculentus*)
18 Tomate (*Lycopersicon esculentum* 'Black Russian')
19 Petersilie (*Petroselinum crispum*)
20 Feige (*Ficus carica* 'Negro Largo')

Pflanzschema A

Dill (*Anethum graveolens*)
Koriander (*Coriandrum sativum*)
Schnittlauch (*Allium schoenoprasum*)
Kreuzkümmel (*Cuminum cyminum*)

Pflanzschema B

Verschiedene Paprika (*Capsicum annuum* Grossum-Gruppe)
'Tasty Grill Red',
'Gypsy' (orange)
'Tasty Grill Yellow'
'Sweet Chocolate' (purpurn)

Pflanzschema C

Verschiedene Auberginen (*Solanum melongena*)
'Red Egg'
'Bonica'
'Mohican'

1
2
3
4
5
6
7
8
9
10
11
12
13
14
15
16
17
18
19
20
B
C

links Ein Obelisk ist der Blickfang in dieser romantischen Szenerie, wo zum reinen Weiß und zum Dunkelrot der Pfingstrosen schon bald das Blau des Lavendels kommt. Letzterer hat außerdem den Vorteil, dass er sein köstliches Aroma verströmt, wenn Liebende an seinem duftenden Laub entlangstreifen.

Romantisch

Schon immer wurden Pflanzen mit romantischer Liebe und Verführung in Verbindung gebracht. Im Garten Eden führte Eva Adam in Versuchung; in Hamlet fleht Ophelia: »Das ist Vergissmeinnicht, das ist zum Andenken: ich bitte Euch, liebes Herz, gedenkt meiner.« In Romeo und Julia hat die Rose symbolische Bedeutung.

oben Eine durchdachte farbliche Abstimmung ist gut geeignet, um eine bestimmte Atmosphäre zu schaffen. Durch das hölzerne Tor unter der mit Rosen berankten Pergola gelangt der Besucher in diesen weißen Garten mit Glockenblumen, Lichtnelken und Fingerhut. Der Garten wirkt zugleich kühl, beruhigend und verträumt – ein idealer Ort zum Verführen.

Der romantische Garten ist ein Garten mit sanft geschwungenen Beeten und Rabatten, durchzogen von gewundenen Wegen und bepflanzt mit großen Gruppen duftender, farbenprächtiger und formschöner Pflanzen (Seite 51). An diesem Ort können Sie sich mit dem Menschen Ihres Herzens treffen oder sich in einen Gedichtband vertiefen und Ruhe und Frieden finden. Zudem verfügt der romantische Garten über Raum für gute Gesellschaft, gutes Essen und guten Wein in entspannter oder ausgelassener Stimmung.

Bei all den unterschiedlichen Nutzungsmöglichkeiten soll das Thema, das dem Plan dieses Gartens zugrunde liegt, die Verbindung von Liebe und Romantik sein. Sehr dominant sind deshalb die beiden kreisrunden Rasenflächen mit ihrer Einfassung aus Granitpflaster – zwei miteinander verbundene »Eheringe« gewissermaßen, die das ewige Band der Liebe symbolisieren. Ein weiteres Symbol von Liebe und Frieden ist der strohgedeckte Taubenschlag in der Mitte der beiden Rasenkreise. Das Liebesmotiv findet sich auch in den miteinander verflochtenen Herzen im Granitpflaster und setzt sich als roter Faden im Weg zum romantischen Sitzeckchen am hinteren Ende des Gartens fort. Dort wiederholt sich das Herzthema in Gestalt eines Bodenmosaiks vor der mit Jasmin zugewucherten Laube. Damit dieses romantische Plätzchen so abgeschieden wie möglich ist, ist die Laube von einer hohen Hecke umgeben. Denselben Zweck könnte aber auch ein Gartenhaus aus Holz, Natur- oder Ziegelstein erfüllen, eine schmiedeeiserne Laube mit glockenförmigem Dach oder ein Zelt-Pavillon. Auch eine Gartenschaukel oder eine Hängematte eignen sich als Sitzgelegenheit für zwei.

Weiße Marmorstatuen erinnern an die Eleganz der Antike; die bezaubernde Atmosphäre wird untermalt vom beruhigenden Plätschern des Wassers aus dem gläsernen Brunnen, der vom Sitzplatz aus durch ein Fenster in der Hecke zu sehen ist. Bei Dunkelheit glüht der von unten beleuchtete gläserne Felsen. Wird dann noch das Feuer in den Schalen seitlich der bogenförmigen Eingänge der Hecke entzündet, entsteht eine noch intimere Atmosphäre.

Um die Romantik noch weiter zu steigern, können Sie dekorative Elemente, die für Sie beide mit bestimmten Assoziationen verbunden sind – etwa ein besonders interessant geformtes Stück Treibholz, eine von einem Urlaub mitgebrachte Vase oder eine zum Hochzeitstag geschenkte Bank – an einem augenfälligen Ort positio-

nieren und bei Nacht anstrahlen. Verwenden Sie ein möglichst weiches Licht – etwa von Kerzen, Öllampen oder Sturmlaternen. Und wem das immer noch nicht romantisch genug ist, der kann sich zusätzlich ein wetterfestes Soundsystem installieren lassen, um das Ohr des oder der Geliebten mit leidenschaftlichen Melodien zu verwöhnen.

Um das Erscheinungsbild des Gartens noch weicher zu gestalten, sind die Pflanzen in größeren Gruppen zusammengesetzt. Außerdem wird das Farbthema im Garten vielfach wiederholt. Rund um die Sitzplätze – am Haus und in der Laube – finden sich Duftpflanzen wie Nelken , Gartenreseda, Tabak und Jasmin sowie unmittelbar vor der Laube eine Sammlung von Rosen.

Im Laufe der Zeit wurde immer wieder verschiedenen Pflanzen eine symbolische oder religiöse Bedeutung beigemessen. So gilt beispielsweise in islamischen Gärten die Platane als Baum des Lebens. Die Vorstellung, etwas »durch die Blume« zu sagen, kam im späten 18. und frühen 19. Jahrhundert besonders in Mode, denn damals galt es als höchste Form der Galanterie, wenn ein Mann seine Absichten durch das Tragen bestimmter Blumen erklärte und seine Angebetete in derselben Weise antwortete. So entwickelte sich eine ganz eigene Sprache, in der Verliebte ohne ein einziges Wort miteinander kommunizieren konnten. Auch heute misst man Pflanzen noch ganz bestimmte Bedeutungen bei, wobei der Liebe das größte Vokabular vorbehalten ist. Deshalb ist dieser Garten ausschließlich mit Pflanzen bestückt, die mit der Liebe assoziiert werden. Die Auswahl wird noch viel größer, wenn man auch auf nicht winterharte Arten zurückgreift. In kälteren Klimazonen können diese als Sommerblumen im Freien gepflanzt werden oder als Kübelpflanzen im Haus überwintert und im Sommer in den Garten gestellt werden.

Ganz allgemein sollten Pflanzen in einem romantischen Garten eine sanfte, liebevolle Atmosphäre ausstrahlen. Duftpflanzen empfehlen sich deshalb besonders dann, wenn sie wie die Reseda ihren Duft am Abend verströmen. Auch Blüten in verschiedenen Farbabstufungen können eingesetzt werden, wobei weichere Farben eher beruhigend wirken. Weich sollten auch die Formen der verwendeten Pflanzen sein. Runde Formen passen besser als stachelige Exemplare. Aus einem rein persönlichen Vorurteil heraus würde ich auch Koniferen meiden.

gegenüber oben Durch das Tor gelangt man über den Gartenweg zu einer bequemen Bank. Entscheidend für einen romantischen Garten ist, dass seine Atmosphäre ein Gefühl von Unbefangenheit vermittelt, wobei das Einfachste oft auch das Beste ist.

gegenüber Mitte Dieser hübsche Sitzplatz, gekrönt von einer Kletterrose und umgeben von Pflanzen wie Clematis, Akelei und Neuseeländer Flachs, die die Farbe der Wand aufnehmen, ist ein vom Duft der Pflanzen umgebener Ruheplatz für eine Person: ein Ort, an dem man einen Liebesbrief schreiben, ein Fest planen oder sich geheimen Erinnerungen hingeben kann.

gegenüber unten Auch wenn dieser grüne Zufluchtsort in einem französischen Kloster eher den dortigen Mönchen für einsame Momente der Kontemplation dient, kann ein ähnlicher, vor neugierigen Blicken geschützter Platz in einem romantischen Garten für alle Arten von Freuden genutzt werden. Der Blick durch das Fenster fällt auf eine ganz spezielle Pflanze, einen Brunnen oder eine Statue.

links Dieser schattige Zufluchtsort besticht durch den Kontrast zwischen natürlichen Formen und exakt geschnittenen Pflanzen. Belebt durch das sanfte Plätschern von Wasser, verhindert die zu einer dichten grünen Wand verwachsene Bepflanzung zugleich, dass der Garten von den Nachbarn eingesehen werden kann.

Pflanzen für einen romantischen Garten

1 Schleierkraut (*Gypsophila paniculata* 'Bristol Fairy') Sanftheit, ewige Liebe
2 Kap Gardenie (*Gardenia augusta*) Heimliche Liebe
3 Pracht-Salbei (*Salvia splendens*, Cleopatra-Serie 'Cleopatra Blue') Ich denke an dich
4 Gladiole (*Gladiolus* 'Peace') Fester Charakter
5 Vergissmeinnicht (*Myosotis sylvatica*) Vergiss mich nicht
6 Zierkirsche (*Prunus* x *subhirtella* 'Autumnalis') Innere Schönheit
7 Heliotrop (*Heliotropium arborescens*) Treue
8 Gartenrittersporn (*Consolida ajacis* Imperial-Serie) Unbeständigkeit
9 Brautmyrte (*Myrtus communis*) Liebe
10 Jasmin (*Jasminum officinale*) Herzensgüte
11 Kapuzinerkresse (*Tropaeolum speciosum*) Patriotismus
12 Pracht-Salbei (*Salvia splendens* Cleopatra-Serie 'Cleopatra Red') Ich denke an dich
13 Dahlie (*Dahlia* 'Bishop of Llandaff') Guter Geschmack, Wankelmütigkeit
14 Mohn (*Papaver commutatum*) Extravaganz
15 Fenchel (*Foeniculum vulgare* 'Purpureum') Stärke
16 *Osteospermum* 'White Pim' Unschuld
17 Kornblume (*Centaurea cyanus*, pink und weiß) Zartheit
18 Gartensalbei (*Salvia officinalis* 'Purpurascens') Häusliche Tugenden
19 Tabak (*Nicotiana alata*) Ruhe
20 Wandelröschen (*Lantana montevidensis*) Strenge
21 Levkoje (*Matthiola incana*) Ewige Schönheit

oben Dieser Garten in Australien wurde von Edna Walling, einer Anhängerin Gertrude Jekylls, angelegt. Er zeigt, wie die Aufteilung eines romantischen Gartens in einzelne Räume den Besucher von Erlebnis zu Erlebnis geleitet.

rechts In diesem Garten in Irland verbindet sich auf ganz ungekünstelte Weise die romantisch-verführerische Blütenpracht mit einer Auswahl von Pflanzen, deren weiche, runde Formen Auge und Sinn des Betrachters entspannen.

22 Kamelie (*Camellia japonica* 'Jupiter') Vortrefflichkeit, Bescheidenheit
23 Rose (*Rosa gallica* 'Versicolor') Vielfalt
24 Kamelie (*Camellia japonica* 'Silver Anniversary') Vollkommene Lieblichkeit
25 Gartenreseda (*Reseda odorata* 'Grandiflora') Qualitäten übertreffen die Anmut
26 Duftsteinrich (*Lobularia maritima*) Innere Werte
27 Riesenlilie (*Cardiocrinum giganteum*) Liebenswürdigkeit; Bescheidenheit
28 Lilie (*Lilium* Golden-Splendor-Gruppe) Falschheit; Fröhlichkeit
29 Verbene (*Verbena laciniata* 'Lavender Mist') Rein; aufrichtig
30 Zinnie (*Zinnia elegans* 'Desert Sun') An einen abwesenden Freund denken
31 Frauenmantel (*Alchemilla mollis*) Mode
32 Erdbeerbaum (*Arbutus unedo*) Achtung
33 Dill (*Anethum graveolens*) Frohsinn
34 Gladiole (*Gladiolus* 'Victor Borge') Fester Charakter
35 Jungfer im Grünen (*Nigella damascena* 'Miss Jekyll') Bestürzung
36 Kapkörbchen (*Dimorphoteca pluvialis*) Unbewusstheit
37 Monatserdbeere (*Fragaria vesca* 'Semperflorens') Vollkommene Eleganz
38 Roseneibisch (*Hibiscus syriacus* 'Diana') Zerbrechliche Schönheit

Pflanzschema A

Rose (*Rosa* 'Alec's Red') Leidenschaft
Rose (*R.* 'Paul Shirville) Freundschaft; anmutige Schönheit
Rose (*R.* 'Schneewittchen') Reinheit; wer sie überreicht, ist deiner Liebe würdig

Pflanzschema B

Nelke (*Dianthus* 'Emile Paré') Mut
Nelke (*D.* 'Brympton Red') Reine Liebe
Nelke (*D.* 'Dad's Favourite') Talent
Nelke (D. 'Mrs Sinkins') Talent

Pflanzschema C

Immergrün (*Vinca minor*) Freundschaft
Immergrün (*V. minor* fo. *alba*) Angenehme Erinnerungen

Ländlich

Landschaft – sei es Strand, Wiese oder Wald – übte seit jeher auf Gartenarchitekten einen starken Einfluss aus. Gerade der Cottage-Garten ist eindeutig ländlich geprägt – schließlich hat er seinen Ursprung auf dem Lande.

unten »Ländlich« muss keineswegs langweilig bedeuten, wie diese ins Auge fallende Kombination aus roten Etagen-Primeln und Orchideen-Primeln zeigt. Zudem eignet sich eine Mischung aus exotischen und heimischen Pflanzen bestens, um einen »wilden« Eindruck zu erzeugen.

gegenüber Dieser Cottage-Garten in den französischen Seealpen mit seinen Rosen und seinem Olivenbaum ist zwar von Menschen gemacht, trotzdem harmoniert er mit dem rustikalen Landhaus ebenso nahtlos wie mit der natürlichen Landschaft im Hintergrund.

Der Cottage-Garten im Plan auf den Seiten 58–59 ist ein bewusster Versuch, das Wesen einer ländlichen Szenerie einzufangen. Durch die nicht formale Anordnung ohne Anfang oder Ende entsteht in der Wiese eine natürliche Szenerie. Sie ist zwar künstlich erschaffen, aber so angelegt, dass nicht alle Bereiche zugleich einzusehen sind. So entsteht eine Aura des Geheimnisvollen und Überraschenden.

Begrenzt wird der Garten von einem geschlossenen weißen Bretterzaun und einer Hecke aus einheimischen Arten. Diese stellt nicht nur einen zuverlässigen Schutz vor neugierigen Blicken dar, sondern bietet auch – wie es sich für einen naturnahen Garten gehört – zahlreichen Tieren Unterschlupf und sieht zudem das ganze Jahr über gut aus. Im späten Frühjahr und im Sommer blühen der Wollige Schneeball, der Gemeine Schneeball, die Hundsrose und die Weinrose. Im Herbst und Winter färben sich die Blätter des Feldahorns gelb, und Pfaffenhütchen, Weißdorn und Apfel tragen Früchte.

Klare Grenzen zwischen Hecke, Beet und Pfad sucht man hier vergebens, weil die einzelnen Bereiche fließend ineinander übergehen. Die Hecke ist mit Blumen unterpflanzt, die sich bis in die Wiese hineinziehen, auf der man durch den Garten geht. Unabhängig davon, welchen ländlichen Stil Sie bevorzugen, sollten die Oberflächen immer aus natürlichem Material bestehen. Im vorliegenden Fall wären eventuell auch Holzschnitzel, Rindenmulch oder grobes Kopfsteinpflaster denkbar.

Die einzigen eindeutig von Menschenhand gefertigten Objekte im Garten sind die Sitzgelegenheiten. Die Holzbank um den Stamm der Stieleiche bietet im Sommer einen schattigen Ruheplatz. Der unweit davon stehende Bienenstock aus geflochtenem Stroh kann, sofern Sie kein

In späteren Jahren versamen sich die Blumen in diesen »Beeten« selbst. Die Arten in Hausnähe wurden so ausgewählt, dass sie möglichst viele Schmetterlinge anziehen, deren Bewegungen und Farben dem Garten einen zusätzlichen Reiz verleihen. Der Sumpfgarten neben dem Teich ist voll mit nicht heimischen Primeln in leuchtenden Farben, obwohl hier natürlich ebenso gut einheimische, Feuchtigkeit liebende Pflanzen gedeihen würden.

Falls eine grüne Hecke, eine Wildblumenwiese und ein Teich nicht Ihrer Idealvorstellung vom ländlichen Garten entsprechen oder nicht in die örtlichen Gegebenheiten passen, denken Sie daran: Sie wollen einen Cottage-Garten anlegen und können deshalb tun und lassen, was Sie wollen. So könnten Sie beispielsweise Ihre eigene Interpretation der Landschaft in Ihrer unmittelbaren Umgebung kreieren, ob diese nun aus steilem Bergland, Wüste, Prärie, Buschland, Heideland oder Urwald besteht. Oder Sie könnten eine fremde Umgebung »importieren« und einen Strandgarten aus Sand und Palmen anlegen, eine Waldlichtung mit Dreiblatt und anderen typischen Wald-

Hier sehen wir zwei sehr unterschiedliche Arten eines Wegs in einem ländlichen Garten. Obwohl in diesem Garten auf Long Island (links) die gesamte Anlage völlig künstlich ist, verleihen ihr der Maulbeerbaum im Hintergrund, der Rindenmulch auf dem Weg und die kein bisschen formale, farbenfrohe und exotische Bepflanzung – dominiert von Lilien, Verbene und *Imperata cylindrica rubra* – einen irgendwie »ländlichen« Charakter. Im Gegensatz dazu zielt die Wildblumenwiese bei Great Dixter (unten) ebenso eindeutig wie erfolgreich darauf ab, die englische Naturlandschaft nachzustellen, wobei der behutsam integrierte Grasweg die Szenerie so wenig beeinträchtigt wie nur irgend möglich.

leidenschaftlicher Imker sind, auch als reine Dekoration dienen. Die wie eine lebende Skulptur wirkende, mit einer halbkreisförmigen Bank aus Korbgeflecht ausgestattete Laube besteht aus lebenden Weidenruten, die nach dem Austrieb im Sommer den Sitzplatz beschatten, während die Luft vom Blütenduft des Geißblatts erfüllt ist.

Über dem Teich ist eine Sitzfläche aus Holzplanken angelegt. Diese Plattform ist groß genug, um im Schatten der Weißen Himalaja-Birke oder unmittelbar über dem Teich einen Tisch und Stühle aufzustellen (aber Vorsicht, wenn Sie Kinder zu Besuch haben!). Die Lage der Plattform und die Tatsache, dass sie leicht erhöht ist, sorgen für einen ausgezeichneten Überblick über den Garten, ob Sie nun am Esstisch sitzen oder sich in der Hängematte entspannen. Durch geschickte Beleuchtung der beiden großen Bäume sowie der Laube entsteht bei Nacht eine geheimnisvolle Stimmung.

Die Pflanzflächen neben der Hecke ziert eine bunte Mischung heimischer Wildblumen, bei denen es sich überwiegend um Einjährige handelt. Um ein möglichst natürliches Aussehen zu erzielen, sollten Sie vor der Aussaat die Samen verschiedener Arten miteinander vermischen.

rechts Dies ist derselbe Garten auf Long Island wie gegenüber, hier mit einem absolut natürlich wirkenden Vordergrund aus Wilder Möhre. Beide Ansichten demonstrieren, dass durch gezielte Planung durchaus eine gewisse Abstufung erreicht werden kann zwischen reiner Imitation von Natur einerseits und einer eher stilisierten Ländlichkeit andererseits.

pflanzen oder einen norwegischen Fjord mit einem Felsengarten, der an einem See endet. Ihre Möglichkeiten sind praktisch unbegrenzt, solange Sie auf die klimatischen Bedingungen Rücksicht nehmen und sich an Vorbildern aus der Natur orientieren.

Auch beim Bepflanzen der Landschaft Ihrer Wahl gibt es jede Menge Optionen. Der Purist hält sich strikt an diejenigen Arten, die in der natürlichen Flora der jeweils angestrebten Landschaft vorkommen, weil das die größtmögliche Authentizität gewährleistet. Wie in dem hier vorgestellten Beispiel ist es aber ebenso gut möglich, auf nicht heimische Arten zurückzugreifen, sofern diese unter den gegebenen Bedingungen gedeihen, und trotzdem einen natürlichen Gesamteindruck zu erzielen. Zu den nicht heimischen Pflanzen zählen zum einen jene »Einwanderer«, die mittlerweile längst eingebürgert sind, und zum anderen jüngere Importe aus fremden Ländern. Das andere Extrem wäre, dass Sie grundsätzlich jede Pflanze verwenden, die Ihnen gefällt und unter den gegebenen Bedingungen gedeiht, ganz gleich, wo sie herkommt. Dieser Ansatz lag auch den Staudenbeeten zugrunde, die der Deutsche Karl Förster in den 30er-Jahren des 20. Jahrhunderts entwarf. Seine Grundidee war, größere, nicht formale Gruppen relativ weniger Arten zusammenzupflanzen, aus denen hin und wieder Horste höherer Arten oder der eine oder andere kleine Baum oder Strauch herausragten. Diese Technik ergibt ein sehr eindrucksvolles, natürliches Gesamtbild und ist vor allem dann zu empfehlen, wenn Sie eine große Fläche anzulegen haben und mit minimalem Aufwand maximalen Erfolg erzielen möchten.

gegenüber Dieses herrliche Frühlingsbild zeigt Feuchtigkeit liebende Pflanzen aus aller Welt wie Japanische Etagenprimel (*Primula japonica*), Funkie (*Hosta*), Knöterich (*Persicaria*), Scheinkalla (*Lysichiton*) und Wolfsmilch (*Euphorbia*) – aber was macht das schon! Eine ländliche Szenerie muss keineswegs die unmittelbare natürliche Umgebung nachahmen, nur formal darf die Pflanzung nicht sein.

oben Es bekommt einem ländlichen Garten immer gut, wenn man die Gebäude sowie den Blick auf die natürliche Landschaft in die Planung mit einbezieht. Unter solchen Voraussetzungen darf die Bepflanzung im Garten ruhig ein wenig stilisierter ausfallen.

links Eine ländliche Atmosphäre kann man auch damit schaffen, indem man die natürliche Topographie berücksichtigt – wie hier in diesem walisischen Garten mit seinem gelben Mohn. Die Brücke betont den Eindruck einer sumpfigen Bachlandschaft zusätzlich. Für den Fall, dass die Natur nicht auf Ihrer Seite steht, können Sie die entsprechende Szenerie auch künstlich mit ein paar gezielten Erdbewegungen erzeugen.

oben Eine interessante Kombination: Ein so gar nicht »ländlich« wirkender, weil schnurgerader Pfad ist mit Kies aufgeschüttet. In den Weg hängt Benthams Hartriegel (*Cornus capitata*) und gesäumt wird der Weg von einer Mischung aus Fingerhut, robustem Storchschnabel und etlichen Waldpflanzen. Dass die Anlage trotzdem gelungen ist, sollte Sie ermutigen, niemals Angst vor Experimenten zu haben, selbst wenn einzelne Elemente dabei auf den ersten Blick eher »unnatürlich« anmuten.

Pflanzen für einen ländlichen Garten

1 Stieleiche (*Quercus robur*)
2 Weiße Himalaja-Birke (*Betula utilis* var. *jacquemontii*)
3 Mandelweide (*Salix triandra*)
4 Geißblatt (*Lonicera periclymenum* 'Graham Thomas')

Pflanzschema A

Feldahorn (*Acer campestre*)
Weißdorn (*Crataegus monogyna*)
Pfaffenhütchen (*Euonymus europaeus*)
Apfel (*Malus prunifolia* 'Cheal's Crimson')
Hundsrose (*Rosa canina*)
Weinrose (*Rosa rubiginosa*)
Wolliger Schneeball (*Viburnum lantana*)
Gew. Schneeball (*V. opulus*)

Pflanzschema B

Primeln:
Primula aureata, *P. burmanica*, *P. prolifera*, *P. pulverulenta*, *P. sikkimensis*, *P. vialii*

Pflanzschema C

Seerose (*Nymphaea* 'Gonnère')
Seerose (*N.* var. odorata 'Sulphurea Grandiflora')

Pflanzschema D

Kornrade (*Agrostemma githago*)
Hundskamille (*Anthemis arvensis*)
Kornblume (*Centaurea cyanus*)
Roter Fingerhut (*Digitalis purpurea*)
Wilde Karde (*Dipsacus fullonum*)
Margerite (*Leucanthemum vulgare*)
Vielblättrige Lupine (*Lupinus polyphyllus*)
Moschusmalve (*Malva moschata*)
Gewöhnliche Nachtkerze (*Oenothera biennis*)
Klatschmohn (*Papaver rhoeas*)
Wucherblume (*Xanthophthalmum segetum*)

Pflanzschema E

Schafgarbe (*Achillea millefolium*)
Flockenblume (*Centaurea nigra*)
Kornblume (*C. cyanus*)
Alpen-Flockenblume (*C. scabiosa*)
Wiesen-Witwenblume (*Knautia arvensis*)
Margerite (*Leucanthemum vulgare*)
Moschusmalve (*Malva moschata*)

Pflanzschema F

höher wachsendes Gras, durchsetzt mit folgenden Arten:
Kornrade (*Agrostemma githago*)
Hundskamille (*Anthemis arvensis*)
Kornblume (*Centaurea cyanus*)
Roter Fingerhut (*Digitalis purpurea*)
Wilde Karde (*Dipsacus fullonum*)
Margerite (*Leucanthemum vulgare*)
Vielblättrige Lupine (*Lupinus polyphyllus*)
Moschusmalve (*Malva moschata*)
Gewöhnliche Nachtkerze (*Oenothera biennis*)
Klatschmohn (*Papaver rhoeas*)
Wucherblume (*Xanthophthalmum segetum*)

A
2
C
F
B
B
E
1
D
F
F
3
4
A
A
F

Formal

Auch ein Cottage-Garten kann sehr geometrisch sein. Er kann symmetrisch oder asymmetrisch sein und aus geraden oder gebogenen Linien bestehen. Auch hier können Nutz- und Zierpflanzen kombiniert werden.

In meinem Plan (Seiten 64–65) habe ich mich für gerade Linien entschieden sowie für ein Arrangement von Formen, die dem Garten ein geometrisch formales Aussehen verleihen und zugleich einen bequemen Zugang ermöglichen. Außerdem habe ich die wichtigste und einflussreichste Innovation des italienischen Renaissancegartens – die Hauptachse – übernommen. Eine Hauptachse ist ein geniales planerisches Element, das auf jeden Garten angewandt werden kann, unabhängig von seiner Größe. Sie ist eine unsichtbare Linie, die von der Mitte der Rückwand des Hauses ausgeht und so weit reicht, wie Sie möchten, im vorliegenden Fall bis zur Mauer am hinteren

gegenüber In seinem Garten in den Niederlanden setzt Piet Oudolf Hecken sehr wirkungsvoll nicht nur zur Aufteilung des Gartens ein, sondern auch als lebende Skulpturen, die Form und Struktur geben.

oben Die exakt geschnittenen Hecken aus Heckenkirsche verleihen diesem tasmanischen Landhaus zusammen mit den kegelförmigen Lorbeerbäumen eine formale Atmosphäre und verwischen die Grenze zwischen Haus und Garten.

Ende des Gartens. An dieser Achse ist der gesamte formale Grundriss des Gartens festgemacht. Beide Teile des Gartens spiegeln sich an dieser Achse. Doch dies muss nicht zwangsläufig der Fall sein: Sowohl beim Plan des traditionellen (Seiten 28–29) als auch bei dem des modernen Gartens (Seite 81) ist zwar der Grundriss achsensymmetrisch, nicht aber die Bepflanzung. Zufällig ist in all diesen Plänen auch eine Querachse vorhanden – ein planerisches Hilfsmittel, das beliebig wiederholt werden kann, um den Garten weiter zu untergliedern.

Abgesehen davon, dass eine solche Einteilung ein interessantes Muster ergibt, ist dieser Garten relativ pflegeleicht und aufgrund seiner gepflasterten Wege und immergrünen Hecken das ganze Jahr über sehr ansehnlich.

Beim Betreten des Gartens fällt der Blick unweigerlich zuerst auf den zentral gelegenen Brunnen aus weißem Kalkstein. Die bogenförmigen Wasserstrahlen von den Seiten und das Wasser, das aus der Brunnenmitte hervorquillt, bringen durch ihr Geräusch und ihre Bewegung Leben in den Garten und bilden mit ihren geschwungenen Linien einen Kontrast zu den geraden Linien der Umgebung. Aufgrund ihrer Positionierung am äußersten Ende der Hauptachse ebenfalls nicht zu übersehen ist das auffälligste Element des hinteren Gartenbereichs: die auf einem Podest stehende Armillarsphäre. Dahinter sind zwei in einem Winkel zueinander aufgestellte Spiegelwände, die sowohl aus der Ferne als auch aus der Nähe betrachtet einen interessanten Effekt bilden.

Die Ecken des näher am Haus gelegenen Gartenteils füllen vier quadratische, flache Kanäle aus, die jeweils von einer kleinen Holzbrücke überspannt werden. Die von den Kanälen eingerahmten »Inseln« sind mit immergrünen Eibenhecken bepflanzt, die hier wie Skulpturen zugeschnitten sind. Unterschiedliche Höhen erzeugen überall im Garten neue Perspektiven und rahmen Ausblicke ein. Die Höhen der Eibenwürfel, zwischen denen der Weg verläuft, variieren: Die näher am Haus stehenden sind nur halb so hoch wie die weiter entfernten. Und diese höheren Würfel verhindern zusammen mit dem noch höheren, ebenfalls aus Eibe bestehenden »Torpfosten« neben dem Weg die Sicht in den hinteren Gartenbereich. Nur der Kanal bildet eine Lücke. Dieser Durchblick macht den Betrachter neugierig und fordert ihn auf, sich auch den hinteren Teil des Gartens anzusehen. Der Weg durch den Garten führt über längliche Kieselsteine, die jeweils in Richtung des Weges ausgerichtet sind, um den Betrachter zum Weitergehen zu animieren.

Die Rasen aus Römischer Kamille nehmen das Thema des »grünen Raums« wieder auf. Je nach Klima sind sie teilweise grün oder immergrün, und beim Betreten strömen sie ihren charakteristischen Duft aus. Die Wildblumenmischung verleiht dem eher streng formalen Charakter des Gartens einen Hauch des Zufälligen. Sie bietet im Sommer einen herrlichen Anblick und lockt Schmetterlinge und anderes Getier an. Die Zusammensetzung der Wildblumenarten sollte der geographischen Lage des Gartens entsprechen. Falls Sie über einen längeren Zeitraum Blüten haben möchten, können Sie die Beete je nach Jahreszeit bepflanzen, etwa mit Stiefmütterchen im Winter, mit Zwiebelblumen im Frühjahr, und im Sommer mit Massen leuchtend gefärbter, nicht winterharter Exoten, sei es in geometrischen Mustern oder in nicht formalen Gruppen.

Ein weiterer Schritt wäre ein »Teppichbeet«. Bei dieser Erfindung aus dem 19. Jahrhundert werden Gruppen niedrigwüchsiger Sukkulenten und Exoten mit farbigem Laub dicht zusammengepflanzt, sodass sie ein »Bild« ergeben. Ursprünglich waren vor allem Wappen und Tiersymbole beliebt, aber in einem formalen Cottage-Garten würden sich auch abstrakte oder geometrische Muster sehr gut eignen. Legen Sie die Beete leicht schräg an, damit man das Muster besser erkennt.

Im Gegensatz zum näher am Haus liegenden Gartenteil ist der hintere »grüne Raum« in erster Linie funktional. Der Rasen bietet Kindern Platz zum Spielen (die Bepflanzung rundum ist gegen Beschuss mit Bällen weitestgehend resistent), und darüber hinaus gibt es jede Menge Platz für eine Hängematte in einem entsprechenden Gestell oder einen Liegestuhl, für Gartenmöbel oder einen Grill oder auch zum Feiern. Falls Sie aber keinen Bedarf für eine Rasenfläche haben, können Sie natürlich auch die Pflasterung in diesem Gartenteil weiterführen, um die Kontinuität zu wahren, oder zur Abwechslung einen anderen harten Belag wählen. Die Bepflanzung des hinteren Gartenteils beschränkt sich auf ein Randbeet mit nicht formal angeordneten Büscheln von Ziergräsern.

gegenüber oben Zwei Arten von Buchsbaum, exakt beschnitten zu gleich hohen Hecken, geben diesem dekorativen australischen Gemüsegarten Ordnung, Vielfalt, Kontrast und Harmonie zugleich. Die Lücke zwischen den beiden Hecken macht das Ganze besonders interessant.

gegenüber Mitte In einem sehr kleinen Garten ist eine formale Anlage oft wesentlich einfacher zu verwirklichen als eine nicht formale, und vielfach führt sie auch zu befriedigenderen Ergebnissen. In einem geometrischen Grundriss können Sie die Pflanzen gezielt einsetzen, um die Strenge der geraden Linien zu durchbrechen und nicht formale Kontraste zu schaffen.

gegenüber unten Gebäude im Garten können vor allem dann, wenn sie eher geradlinig als rustikal ausgelegt und am Ende eines Wegs oder als Blickfang positioniert sind, dem Ganzen eine formale Note verleihen.

rechts Dieser Garten erhält seinen formalen Anstrich durch eine Mischung in Form geschnittener Pflanzen – ineinander verschlungene Bäume, geschnittene Hecken, Rasen – und unbelebter Gegenstände wie Bögen, rechteckige Bodenplatten und Stufen. Zugleich wird der formale Charakter gezielt durch die üppige Bepflanzung abgeschwächt, unter anderem mit einer weißen Kletterrose, Schmucklilien, Frauenmantel und Akanthus.

Gräser haben praktisch das ganze Jahr über etwas zu bieten. Kurz nach dem Austrieb wirken sie angenehm frisch, den ganzen Sommer über sind sie ohnehin schön, und danach nehmen manche eine hübsche Herbstfärbung an oder bilden Samen aus, die als natürliches Vogelfutter dienen. Selbst im Winter, wenn sie von Raureif bedeckt sind, können sie noch ausgesprochen attraktiv sein. Zudem erfordern sie wenig Pflege, und ihre Grüntöne wirken beruhigend auf das Auge.

Falls Sie aber eine formalere Bepflanzung als die mit verschiedenen Gräsern vorziehen, bietet sich ein entlang der Hauptachse angelegter Knotengarten (ein einzelner Knoten oder eine Gruppe aus dreien) oder ein Arrangement von – eventuell erhöhten – Beeten als Alternative an.

links Ein formaler Garten sollte so schlicht wie möglich sein. In diesem kalifornischen Garten locken die einfachen, geraden Linien der Beeteinfassung, des Weges, der Hecke und der sehr schönen Natursteinmauer den Besucher in Richtung Tor und von dort aus in einen anderen Teil des Gartens.

oben Das Prinzip »weniger ist mehr« ist in diesem Garten in Suffolk perfekt umgesetzt. Der Kies steht im Kontrast zur geometrischen Anlage des unkomplizierten Knotenbeetes mit der dicht bepflanzten Tonvase.

Pflanzen für einen formalen Garten

1 *Phyllostachys aureosulcata* fo. *aureocaulis*
2 Pampasgras (*Cortaderia selloana* 'Silver Comet')
3 Zittergras (*Briza maxima*)
4 Steife Segge (*Carex elata* 'Aurea')
5 Blauschwingel (*Festuca glauca*)
6 Chinaschilf (*Miscanthus sinensis*)
7 Silber-Ährengras (*Stipa calamagrostis*)
8 Japengras (*Hakonechloa macra* 'Aureola')
9 Eibe (*Taxus baccata*)
10 Kapuzinerkresse (*Tropaeolum speciosum*)
11 Röm. Kamille (*Chamaemelum nobile*)

Pflanzschema A
Kornrade (*Agrostemma githago*)
Hundskamille (*Anthemis arvensis*)
Kornblume (*Centaurea cyanus*)
Roter Fingerhut (*Digitalis purpurea*)
Wilde Karde (*Dipsacus fullonum*)
Margerite (*Leucanthemum vulgare*)
Vielblätt. Lupine (*Lupinus polyphyllus*)
Moschusmalve (*Malva moschata*)
Gew. Nachtkerze (*Oenothera biennis*)
Klatschmohn (*Papaver rhoeas*)
Wucherblume (Xanthophthalmum segetum)

Malerisch

Künstler wie der impressionistische Maler Claude Monet, die Gartenarchitektin Gertrude Jekyll und die Schriftstellerin Vita Sackville-West wandten als Erste die Farbtheorie aus der Kunst auf ihre Gärten an und vereinten sie mit den bewährten Techniken des Gartenbaus.

gegenüber Ein weißer Zaun und Backsteinmauern bilden gewissermaßen das Bühnenbild, vor dem die Rose 'Ballerina' und der Rittersporn ihren großen Auftritt haben. Verbunden durch das Grün des Laubs, durchläuft das Gesamtbild hier eine harmonische Farbskala von Dunkelviolett über Mauve zu blassen Pink- und Rottönen.

links Diese lange Staudenrabatte im dänischen Egeskov Slotshave macht deutlich, dass ein gut geplantes Beet ebenso sehr von Form und Höhe der Pflanzen abhängt wie von der Farbe der Blüten. In diesem großen Maßstab lässt sich sehr schön erkennen, wie gut größere Horste oder Gruppen ein und derselben Pflanze wirken.

In ihrem Garten in Sissinghurst in der englischen Grafschaft Kent machte Vita Sackville-West das Prinzip monochromer Pflanzungen populär, wobei der »Weiße Garten« zweifellos ihre berühmteste Kreation ist. Monet benutzte die langen Rabatten in seinem Garten im französischen Giverny als »Laboratorium«, in dem er mit Farbkombinationen experimentierte, und der von ihm angelegte Seerosenteich wurde zum Gegenstand einiger seiner berühmtesten Bilder. Miss Jekyll aber war die Erste, die die Farbentheorie aus der Malerei auf Beete und Rabatten anwandte und mithilfe von Pflanzen wahre »Gartenbilder« schuf.

Heute kann die Kunst einen Cottage-Garten auf unterschiedlichste Art und Weise inspirieren. Eine Möglichkeit wäre etwa der Versuch, ein Gemälde eines altmodischen Cottage-Gartens in die Wirklichkeit umzusetzen. Ebenso gut kann der Garten aber auch den Rahmen für darin ausgestellte Skulpturen bilden, wie dies etwa bei Barbara Hepworths Garten in St. Ives in Cornwall der Fall ist. Oder man bezieht seine Anregungen aus der Art und Weise, in der Maler wie Pablo Picasso, Paul Klee oder Henri Matisse Farben und Formen eingesetzt haben. Da ich ein großer Anhänger sowohl der Arbeit Miss Jekylls als auch der Werke der Maler der Moderne bin, habe ich in diesem Garten versucht, deren stilistische Eigenheiten miteinander zu verschmelzen. Der Grundriss des Garteninneren ist eine freie Interpretation eines Werks des englischen Malers und Graphikers Ben Nicholson, das aus sich überlappenden Rechtecken besteht. Ein ähnliches Werk wurde als Skulptur ausgeführt und als Blickfang so platziert, dass es sich im Garten von Sutton Place – entworfen von Nicholsons Freund, dem Landschaftsarchitekten Sir Geoffrey Jellicoe – in einem rechteckigen Wasserbecken spiegelt. In unserem

Garten gibt der Grundriss die verschiedenen Teile des Kunstwerks wieder. Bei der Planung der einzelnen Bereiche habe ich mich auch von den linearen Werken des niederländischen Malers Piet Mondrian anregen lassen, in denen der Künstler stark miteinander kontrastierende monochrome Farbflächen einsetzt.

Der Garten ist von einer weiß getünchten Backsteinwand umfriedet, die als schlichter Rahmen für die Gartenkunst dient (analog zum Papprahmen in Nicholsons Werk). Betritt man den Garten über das himmelblaue Wasserbecken, ist es fast so, als überquere man einen

oben Diese dunkelroten Stockrosen sind ein Kunstwerk für sich. Überhaupt sollten Sie versuchen, jede einzelne Pflanze ganzheitlich zu betrachten und Höhe, Breite, Blattform und -farbe sowie Blütenfarbe und Blütezeit zu berücksichtigen. Denken Sie immer daran, dass Sie schon mit Einzelexemplaren oder kleinen Büscheln einen echten Blickfang schaffen können.

oben Obwohl in diesem Garten in Connecticut das Indische Blumenrohr mit seiner flammend orangefarbenen Blüte und den großen, rot und braun gestreiften Blättern durchaus mit dem Gelb und Grün des benachbarten Sonnenhuts und dem Perückenstrauch im Hintergrund harmoniert, ist es so dominant, dass es auch schon für sich allein einen unübersehbaren Akzent setzt.

rechts Der ursprünglich in ihrem Garten in Munstead Wood angelegte »heiße« Mittelteil der berühmten »Langen Rabatte« von Gertrude Jekyll ist hier mit Dahlien, Brandschopf, Tagetes, Indischem Blumenrohr und Sonnenblumen im botanischen Garten der Universität von Reading nachempfunden. Das von Miss Jekyll entwickelte Konzept sucht bis heute seinesgleichen.

links Viel zu selten genutzt, aber dennoch äußerst effektiv ist das Stilmittel der Wiederholung. Das Setzen mehrerer Gruppen derselben Pflanze an verschiedenen Stellen, wie im Fall der Gladiolen in dieser Rabatte, erzeugt Ausgewogenheit und Harmonie und trägt zu einem einheitlichen Gesamteindruck bei.

Burggraben. Die Springbrunnen steuern Bewegung und das Geräusch fließenden Wassers bei, und die Trittsteine führen zur zentral gelegenen Sitzfläche, wo sich im Muster der Granitpflastersteine der Grundriss des gesamten Gartens im Kleinformat wiederholt.

Höhenunterschiede werden durch die kreisrunden Hoch- beziehungsweise Tiefbeete erzeugt. Beide setzen auf große Gruppen von ein und derselben Pflanze. In Ersterem nimmt das Blau des Schopflavendels die Farbe des Wasserbeckens wieder auf und liefert zusammen mit dem gepflegten Grün des Rasens, der gekrönt wird von einem wie eine Skulptur erzogenen Japanischen Ahorn in einem grün glasierten japanischen Topf, einen schönen Kontrast zu den kräftigen, warmen Farben des Tiefbeets. Hier spiegelt das in tiefem Purpur gehaltene Laub des Perückenstrauchs die Färbung des Fächerahorns wider. Außerdem harmonisiert es mit den dunkelroten Blüten und Blättern der Lobelie 'Queen Victoria'. Die Rottöne weichen dem warmen Gelb des *Osteospermum* 'Buttermilk', das wiederum mit den Blautönen des Wasserbeckens und des Lavendels kontrastiert.

Die von Mondrian und Nicholson inspirierten Flächen sind von einer Staudenrabatte gesäumt, deren Farbschema sich stark an der Rabatte orientiert, die Gertrude Jekyll in ihrem Garten in Munstead Wood geschaffen hat. Das Farbspektrum beginnt in der linken unteren Ecke mit Gelb-, Blau- und Weißtönen. Diese gehen dann, während das Beet leicht ansteigt, in die kühleren Gelb- und Weißschattierungen über, bevor es um die Ecke zur hinteren Rabatte geht, wo die Farben sich allmählich zu kräftigem Gelb, leuchtendem Rot und Orange »erwärmen«, bevor sie in der rechten Rabatte, wo Gelb und Weiß in Blau und Weiß übergehen, erneut abkühlen. Das alles mag wirken wie der Versuch, auf engstem Raum möglichst viele Farbtöne unterzubringen, aber das Konzept, von kühleren Farben zu wärmeren und schließlich zu ganz warmen überzugehen und dann wieder zurück zu kühleren, wirkt einfach sehr gefällig und erzeugt einen äußerst harmonischen Gesamteindruck. Die farbliche Zusammenstellung muss aber nicht das gesamte Spektrum umfassen. Die Farbe von Laub und Blüten kann auch sehr effektiv in monochromen roten oder blauen Beeten eingesetzt werden, und häufig wird übersehen, dass der berühmte

links Es müssen nicht immer leuchtende Blüten sein. Auch die Form und Farbe von Blättern – wie hier die der Rodgersie (*Rodgersia aesculifolia*), der Schwertlilie (*Iris pseudacorus* 'Variegata'), der *Hakonechloa macra* 'Aureola' sowie der Funkie (*Hosta* Tardiana-Gruppe 'Wedgewood') – können äußerst wirkungsvoll eingesetzt werden, um einen sehr beruhigenden Effekt zu erzielen. Vereinzelte Blüten wie die des Armenischen Storchschnabels (*Geranium psilostemon*) im Hintergrund betonen ein solches Arrangement, das sich besonders für schattige Ecken empfiehlt, nur noch mehr.

unten links Christopher Lloyd, ein anerkannter Fachmann auf seinem Gebiet, hat sich in den vergangenen Jahren vor allem auf exotische Zusammenstellungen von Pflanzen verlegt, wie wir sie hier in der ebenso ungewöhnlichen wie wirkungsvollen Kombination aus Indischem Blumenrohr, Astern, Kapuzinerkresse und Montbretie sehen.

Weiße Garten von Sissinghurst seine Wirkung ebenso sehr aus den Grüntönen des Blattwerks bezieht wie aus seinen weißen Blüten. Kombinationen von Pflanzen, die lediglich auf ein paar wenigen miteinander harmonisierenden (oder kontrastierenden) Farben basieren, machen sich ebenfalls sehr gut – etwa ein Frühlingsgarten aus Weiß- und Gelbtönen oder ein Sommerbeet, das ausschließlich aus Rot- und Gelb- oder auch aus Blau- und Gelbtönen besteht.

Die Anwendung der Farbtheorie auf Gärten ist dennoch nicht ganz einfach, da man es mit einem Material mit mehreren Dimensionen zu tun hat, die alle gleichzeitig berücksichtigt werden wollen. Eine Pflanze hat nicht nur eine bestimmte Höhe, Breite und Form; hinzu kommen auch noch Struktur, Form und Farbe der Blätter sowie Form und Farbe der Blüten und ihre Blütezeit. So wird die Anlage eines gelungenen Beets, dessen Einzelkomponenten farblich perfekt aufeinander abgestimmt sind, besonders in größerem Maßstab zu einer eigenen Kunstform, die nur mit viel Übung zu einiger Vollkommenheit entwickelt werden kann. Werfen Sie also nicht gleich die Flinte ins Korn, wenn es nicht beim ersten Anlauf klappt. Schließlich entspringt die Freude am Gärtnern auch aus der Erfahrung, dass man schnell aus Fehlern lernt, zumal diese immer relativ leicht zu korrigieren sind.

gegenüber Dieses Sommerbeet im Garten von Château de Pontrancart in Frankreich beweist, wie wirkungsvoll auch eine monochrome, auf Schattierungen einer einzigen Farbe basierende Pflanzung sein kann und welche Rolle die Form der Blüten innerhalb des Gesamtbilds spielt.

links Die Farbe Rot zieht sofort die Blicke auf sich, und einen der schönsten Rottöne überhaupt weist die Dahlie 'Bishop of Llandaff' auf. In diesem Bild bietet die Form der hoch aufgeschossenen Verbene (*Verbena bonariensis*) einen interessanten Kontrast, während ihre Blüten mit dem Laub der Dahlie harmonieren.

oben Mit Kombinationen der Primärfarben liegt man so gut wie nie schief, während Weiß (ebenso wie sehr helle Pastelltöne) in jede Zusammenstellung von Pflanzen etwas mehr Ruhe bringt, wie hier das Ensemble aus Fackellilie (*Kniphofia*), Schafgarbe, Dahlie, Salbei, Rittersporn und dem Pfeifenstrauch zeigt.

Pflanzen für einen malerischen Garten

1 Sonnenhut (*Rudbeckia fulgida* var. *speciosa*)
2 Tigerlilie (*Lilium lancifolium*)
3 Dahlie (*Dahlia* 'Hamari Accord')
4 Zitronen-Taglilie (*Hemerocallis citrina*)
5 Studentenblume (*Tagetes erecta*)
6 Dahlie (*Dahlia* 'Bishop of Llandaff')
7 Schleierkraut (*Gypsophila paniculata* 'Bristol Fairy')
8 Blumenrohr (*Canna indica*,orange)
9 Kapuzinerkresse (*Tropaeolum majus*)
10 Stockrose (*Alcea rosea*, dunkelrot)
11 Fackellilie (*Kniphofia* 'Royal Standard')
12 Blumenrohr (*Canna indica*, rot)
13 Hahnenkamm (*Celosia argentea*, 'Olympia Red')
14 Sonnenblume (*Helianthus* x *multiflorus*)
15 Brennende Liebe (*Silene chalcedonica*)
16 Stauden-Salbei (*Salvia* x *superba*)
17 Fackellilie (*Kniphofia galpinii*, Zwergform)
18 Gartenlöwenmaul (*Antirrhinum majus*)
19 Elfenbeindistel (*Eryngium giganteum*)
20 Lilie (*Lilium monadelphum*)
21 Edeldistel (*Eryngium* x *oliverianum*)
22 Breitblättrige Platterbse (*Lathyrus latifolius* 'White Pearl')
23 Schwertlilie (*Iris pallida* subsp. *pallida*)
24 Königskerze (*Verbascum bombyciferum*)
25 Meerkohl (*Crambe maritima*)
26 Rittersporn (*Delphinium* Belladonna-Gruppe 'Cliveden Beauty')
27 Silber-Greiskraut (*Senecio cineraria*)
28 Stockrose (*Alcea rosea*, schwefelgelb)
29 Diptam (*Dictamnus albus*)
30 Palmlilie (*Yucca filamentosa*)
31 Phlox (*Phlox paniculata* 'Balmoral')
32 Lilie (*Lilium* 'Bright Star')
33 Gartenlöwenmaul (*Antirrhinum majus*)
34 Ähriger Ehrenpreis (*Veronica spicata* 'Romiley Purple')
35 Heiligenkraut (*Santolina chamaecyparissus*)
36 Storchschnabel (*Geranium ibericum*)
37 Wein-Raute (*Ruta graveolens*)
38 Glockenblume (*Campanula lactiflora*)
39 Wollziest (*Stachys byzantina*)
40 Dahlie (*Dahlia* 'White Moonlight')
41 Schafgarbe (*Achillea* 'Coronation Gold')
42 Mädchenauge (*Coreopsis lanceolata*)
43 Bergenie (*Bergenia cordifolia*)
44 Schwertlilie (*Iris orientalis*)
45 Indianernessel (*Monarda didyma*)
46 Gelbdolde (*Smyrnium perfoliatum*)

47 Echter Salbei (*Salvia officinalis*)
48 Königslilie (*Lilium regale*)
49 Schleifenblume (*Iberis sempervirens*)

50 Strandroggen (*Leymus arenarius*)
51 Astilbe (*Astilbe* x *arendsii* 'Venus')
52 Oster-Lilie (*Lilium longiflorum*)

53 Perückenstrauch (*Cotinus coggygria* 'Notcutt's Variety')
54 Lobelie (*Lobelia* 'Queen Victoria')

55 *Osteospermum* 'Buttermilk'
56 Schopflavendel (*Lavandula stoechas*)
57 Fächerahorn (*Acer palmatum dissectum*)

Modern

Auch wenn der moderne Cottage-Garten die besten Traditionen seiner Vorfahren übernimmt, sollte er zugleich die Palette der neuesten Materialien und Pflanzen nutzen.

oben Die Struktur dieses Gartens auf der Chelsea Flower Show, erinnert an Werke des Mexikaners Luis Barragán und beweist, dass auch in einem modernen Garten eine üppige Bepflanzung angemessen sein kann.

gegenüber Die Moderne will immer auch schockieren. In diesem Garten in Maine bedurfte es schon einigen Mutes, eine so natürliche Szenerie in einen so regelmäßigen Rahmen zu fassen. Dennoch ist der Versuch – nicht zuletzt wegen der natürlichen Materialien, der Beete mit Mohnblumen und dem Ausblick durch die »Fensterrahmen« – als gelungen zu bezeichnen.

In diesem Plan versuche ich zu zeigen, dass ein Cottage-Garten auch durchaus modern sein kann, ohne seine ursprünglichen Werte zu verleugnen. Der Grundriss dieses Gartens entspricht genau dem des traditionellen Cottage-Gartens (Seite 28–29), aber durch die Auswahl der einzelnen Bestandteile und der Materialien hoffe ich, sowohl modern zu sein als auch Ideen zu geben. Statt mit einer unregelmäßigen Pflasterung ist der Weg mit unterschiedlich langen Betonstreifen in den verschiedensten Erdfarben wie Ocker, Sand, Safran oder Gelbwurz ausgelegt. Wollen Sie einen deutlicheren Bruch mit der Vergangenheit, können Sie auch leuchtendere Farben einsetzen. Auch wenn eingefärbter Beton im Gartenbau nicht gerade den besten Ruf genießt, hat er doch eine ganze Reihe von Vorteilen: Er ist sehr vielseitig einsetzbar, bleicht nicht aus und verleiht jedem Gartenraum eine moderne Anmutung. Zudem ist er sehr leicht zu verarbeiten: Sie brauchen lediglich für Kalktünche geeignete Pigmente in Pulverform unter den Beton zu mischen und bei größeren Flächen zusätzlich Bindemittel zuzugeben. Um unterschiedliche Effekte zu erzielen, können Sie bei der Betonmischung unterschiedliche Körnungsgrößen verwenden und, wenn die Mischung fast ausgehärtet ist, die Oberfläche mit einem weichen Pinsel und Wasser abbürsten, um die Körnung des Betons herauszuarbeiten. Andere moderne Materialien für Pflaster sind gefärbte Gummikügelchen und von innen beleuchtete Glasbausteine.

Die niedrige Hecke und die Rabatte mit Sommerblumen und Kräutern werden ersetzt durch eine Beeteinfassung aus Edelstahl und bunten Glasmurmeln. Belebt wird diese Beetumrandung durch einzelne, in regelmäßigen Abständen gesetzte Exemplare von Riesen-Lauch.

vor allem die jungen Blätter und Triebe von Kletterpflanzen versengen könnte. Um einen Weg durch den Garten zu schaffen, ist das Rankgerüst mit einem Netz winziger weißer Lichter an den waagerechten Streben behängt. Weniger durchsichtig wirken zwischen den Rohren befestig-te Stoffbahnen, in die Sie zuvor Fenster geschnitten haben.

Zwei Viertel der Gesamtfläche sind auch weiterhin der traditionellen Rolle des Gartens vorbehalten, Essbares zu erzeugen, aber beide wurden an die Moderne angepasst. Betreten werden diese Bereiche über den mit Betonpflaster ausgelegten Weg, der jeweils an einer Säule aus Acrylglas endet, die mit Wasser in einem fluoreszierenden Gelb gefüllt ist (und, von innen mit UV-Licht beleuchtet, bei Nacht erstrahlt). Eine Pumpe erzeugt einen ständigen Strom von Luftblasen. Die Pflanzung besteht aus Gemüse und Schnittblumen für das Haus, wobei ich mich auf meine Lieblingspflanzen beschränkt habe. Wenn Sie es lieber ungewöhnlicher hätten, können Sie auch Ziergemüse pflanzen und die Schnittblumen durch

links Ein gewisser Mut zum Ungewöhnlichen ist unerlässlich, wenn ein moderner Garten gelingen soll. Eine Büste auf einem Pfahl ist vielleicht nicht das Erste, was einem in diesem Zusammenhang als angemessen für einen üppig grünen Garten im ländlichen Suffolk in den Sinn käme, aber unmittelbar neben der Weiden-Birne (*Pyrus salicifolia* 'Pendula') passt sie bestens ins Bild.

unten Einige der augenfälligsten modernen Effekte sind zugleich die subtilsten. Dieser absolut schlichte Wasserfall aus Edelstahl geht mit den beiden Keulenlilien (*Cordyline*) und der niedrigen Buchsbaumhecke am Ende eines Graswegs in einem Londoner Garten eine einfache, aber ausgesprochen effektive Verbindung ein.

Das Glas fängt das Sonnenlicht ein und ahmt die Farbenpracht von Blumen und Kräutern nach. Eine besondere Wirkung entfaltet das Ganze durch nächtliche Beleuchtung.

Überhaupt ist Beleuchtung eine viel zu selten eingesetzte Möglichkeit, dem Garten in den Sommermonaten eine zusätzliche Dimension zu verleihen, und selbst im Winter lassen sich mit ihr bestimmte Pflanzen und sonstige Elemente bequem aus der warmen Wohnung heraus betrachten (Systeme zur Außenbeleuchtung sollten aber unbedingt vom Fachmann installiert werden).

Hinter den gläsernen »Einjährigen« befindet sich eine »Hecke« aus sandgestrahltem Glas, die bei Nacht mit einem Fibre-optic lighting (Glasfaser-Beleuchtungssystem) zum Leuchten gebracht wird. Die traditionellen hölzernen Rankgitter und Pergolen wurden durch Rohre aus rostfreiem Stahl ersetzt; ebenso modern wären Baustahl, farbig gestrichene oder verzinkte Gerüststangen oder farbige Kunststoffstäbe. Edelstahl rostet nicht und wirkt sehr modern, hat aber den Nachteil, dass er sich in der Sonne stark erhitzt und rutschig ist. Als Experiment sind die Pergolen an den Endpunkten der Querwege mit Jasmin berankt, auch wenn die Gefahr besteht, dass der heiße Edelstahl

rechts Eine Facette des modernen Stils ist der innovative Einsatz traditioneller Materialien. Dieser mit Natur- und Ziegelstein ausgelegte Garten in New Jersey erhält erst durch die interessante Gegenüberstellung einfacher gekrümmter und gerader Linien seine attraktive Form. Die Pfähle verleihen ihm eine zusätzliche vertikale Dimension, während die beiden hölzernen Sitzplätze wie seltsame Pilze anmuten.

von Ihnen bevorzugte Pflanzen oder strukturierend wirkende Sträucher ersetzen. Die verbliebenen zwei Viertel des Gartens sind die »Wohnräume«. In unmittelbarer Nähe zum Haus befindet sich ein mit gefärbtem Beton ausgelegter und mit weißem Segeltuch beschatteter Essplatz. Synthetische Stoffe wie Plastik oder Nylon passen ebenso gut, aber hüten Sie sich vor einer allzu kräftigen Farbe, da diese das Licht unter der Plane sehr unangenehm machen kann. Der zweite Wohnbereich ist ein in den Boden eingelassener Sitzplatz. Über Stufen, die ebenfalls vom Betonweg aus zu erreichen sind, steigt man auf den grauen Schieferboden hinab, der von einer weißen, einen deutlichen Kontrast zum Schiefer bildenden Marmorbank umrahmt ist. Um die Bank herum nehmen die Glasmurmeln die Beeteinfassung wieder auf, und eine Hecke aus Lavendel (hier *Lavandula angustifolia* 'Hidcote') bietet einen gewissen Sichtschutz und bereichert den Sitzplatz mit seinem angenehmen Duft. Die Bepflanzung um Ess- und Sitzplatz ist eine Mischung traditioneller Sommerblumen und Kräuter, die an die Vorläufer dieses Gartens erinnern.

Die vom Wasserbecken ausgehenden Querwege enden an zwei Pergolen aus Edelstahl, die dicht mit weißem Jasmin überwuchert sind und den Rahmen für jeweils eine abstrakte Skulptur bilden. Hinter dreidimensionalen Kunstwerken angebrachte Spiegel sorgen dafür, dass auch deren Rückseite sichtbar wird, und bewirken zudem eine optische Täuschung, weil jede Skulptur vor einem Spiegel größer erscheint. Alternativen zu den Skulpturen wären Wandmalereien, Kunstwerke aus Metall, Vasen, über deren Rand Wasser fließt, oder Skulpturen aus Glas. Im

Mittelpunkt des Gartens stehen der zentral postierte Feuerwürfel und die von Wasser überströmte schiefe Ebene aus Glas. Auf dem Feuerwürfel aus geschliffenem grauem Schiefer steht eine hochwandige, ebenfalls aus Schiefer gehauene Schale, aus der die Flammen lodern (die ihre Nahrung aus einer im Würfel versteckten Gasflasche beziehen). Der Würfel steht in einem mit weißem Marmor ausgekleideten Becken, aus dem sich vier Fontänen erheben. Die beiden Materialien sind identisch mit denen im tiefer liegenden Sitzbereich. Die von Wasser überströmte schiefe Ebene am Ende des Gartens liegt auf der Hauptachse und bildet somit einen Hintergrund zum Feuerwürfel. Ihre aus sandgestrahltem Glas bestehende Oberfläche weist ein an Fischschuppen erinnerndes Muster auf, über dem das Wasser beim Hinabplätschern in der Sonne glitzert.

links Alle Moden, die heute als »etabliert« gelten, waren einmal modern, und so ist es geradezu die Aufgabe der heutigen Gartenarchitekten, zu provozieren, Kontroversen auszulösen und Grenzen zu verschieben. Erst damit lösen sie einen Prozess aus, in dessen Verlauf herrliche Gärten wie diese Verbindung aus natürlichen, organischen und von Menschenhand gefertigten Elementen entstehen.

oben Pflanzen als Architektur: Die Kombination von Blumenrohr (*Canna*), *Abutilon* und Pfahlrohr (*Arundo donax* var. *versicolor*) stellt für einen einfallsreichen Gartenarchitekten eine ausgesprochen effektive Möglichkeit dar, eine moderne Gartenanlage zugleich zu ergänzen und zu betonen, neue Elemente einzuführen und einen einheitlichen Garten zu kreieren, der sowohl zu seiner Umgebung als auch zum Haus passt.

Pflanzen für einen modernen Garten

1 Echter Lavendel (*Lavandula angustifolia* 'Hidcote')
2 Riesen-Lauch (*Allium giganteum*)
3 Levkoje (*Matthiola incana* Brompton-Gruppe, gemischt)
4 Freesie (*Freesia* Super-Giant-Serie, gemischt)
5 Königslilie (*Lilium regale*)
6 Wilde Artischocke (*Cynara cardunculus*)
7 Sonnenblume (*Helianthus annuus*, rot)
8 Sonnenhut (*Rudbeckia fulgida* var. *speciosa*)
9 Echter Jasmin (*Jasminum officinale*)
10 Salat 'Lollo Rosso' (*Lactuca sativa*)
11 Salat (*Lactuca sativa*, grün)
12 Karotte (*Daucus carota*)
13 Erbse (*Pisum sativum*)
14 Feuerbohne (*Phaseolus coccineus*, weißblütig)
15 Faselbohne (*Lablab purpureus*)
16 Spargel (*Asparagus officinalis*)

Pflanzschema A
Schnittlauch (*Allium schoenoprasum*)
Gartenlöwenmaul (*Antirrhinum majus*, gemischt)
Kornblume (*Centaurea cyanus*, blau, pink und weiß)
Gartenrittersporn (*Consolida ajacis*, Zwergform)
Bartnelke (*Dianthus barbatus*)
Fenchel (*Foeniculum vulgare*)
Schopflavendel (*Lavandula stoechas*)
Jupiter-Lichtnelke (*Silene flos-jovis*)
Ährige Minze (*Mentha spicata*)
Levkoje (*Matthiola longipetala* subsp. *bicornis*)
Wald-Vergissmeinnicht (*Myosotis sylvatica*)
Jungfer im Grünen (*Nigella damascena*)
Basilikum (*Ocimum basilicum*)
Mohn (*Papaver commutatum*)
Petersilie (*Petroselinum crispum*)
Rosmarin (*Rosmarinus officinalis*)
Echter Salbei (*Salvia officinalis*)
Samt-Skabiose (*Scabiosa atropurpurea*)
Studentenblume (*Tagetes erecta*)

Verschiedene Themen

links Die Grüntöne des Laubs und die purpurroten Blüten der Verbene, Petunie und des Heliotrops bilden schöne Kontraste. An einem warmen Tag erfüllt der Heliotrop die Luft mit seinem kräftigen Honigduft, der auf Bienen unwiderstehlich wirkt.

gegenüber oben Eingefasst von einem Beet aus Katzenminze, bietet diese rustikale Bank einen schönen Blick auf die verschiedenfarbigen Polster eines Thymianbeets. Wege mit duftenden Kräutern zu säumen ist eine weitere Möglichkeit, die Luft zu aromatisieren. Dies geschieht jedes Mal, wenn jemand mit den Füßen an den Blättern dieser Pflanzen entlangstreift.

gegenüber unten Diese Komposition ist eine Außenansicht des berühmten Bogengangs aus Goldregen, den die große Rosemary Verey im Garten von Barnsley House in Gloucestershire angelegt hat. Der Vordergrund wird von Glyzinenblüten und Zierlauch dominiert.

sigen Kräutern wie Kamille und wildem Thymian bepflanzen, die beim Betreten ihren Duft verströmen. Dieser Sitzplatz ist in erster Linie mit blühenden Pflanzen umgeben, die abends ihr Aroma verbreiten; er eignet sich somit in idealer Weise dafür, hier am Abend Gäste zu empfangen. Die ausgewählten Pflanzen blühen vorwiegend weiß und leuchten in der Dämmerung besonders kräftig.

Auf einen direkten Zugang vom vorderen zum hinteren Aufenthaltsbereich wurde ganz bewusst verzichtet, damit der Besucher gezwungen ist, den Weg zu benutzen, auf dem ihn weitere Duft-Erlebnisse erwarten. Eine Ausnahme innerhalb meines Konzepts, auf Pflanzen mit duftendem Laub zu verzichten, ist die Lavendelhecke, die den Weg zu beiden Seiten säumt. Nun könnte ich natürlich behaupten, ich hätte sie wegen ihrer Blüten gepflanzt; es ist jedoch ihr immergrünes Laub, das dem Garten Struktur gibt und bei Berührung seinen köstlichen Duft verströmt. Niedrige Hecken duftenden Laubs lassen sich auch mit Heiligenkraut, Ysop oder, für eine weniger formale

Hecke, mit Rosmarin anlegen. Weitere Duftakzente gehen vom Weg selbst aus, der mit Kiefernholz-Schnitzeln ausgestreut ist, die besonders bei warmem Wetter ein kräftiges Harzaroma verströmen, sowie von der angrenzenden Bepflanzung. Die langen Rabatten neben dem Weg sind in bester Cottage-Garten-Tradition mit einer bunten Mischung aus duftenden Sommerblumen bepflanzt, während in Hausnähe die zarten Blau-, Gelb-, Weiß- und Pinktöne mit der Lavendelhecke und Rosen in Pink-, Weiß- und Rottönen harmonieren. Mit ihren zarten Farbtönen tragen die Rosen ebenso wie mit ihrem Duft zur Entspannung bei, während sie mit ihrer Form den Blick auf den Sitzbereich nicht verdecken, sondern ihn vielmehr einrahmen und den Gast willkommen heißen.

Die beiden zwischen den Sitzflächen platzierten Zitronenbäumchen in ihren kunstvoll verzierten Terrakottatöpfen ziehen die Blicke auf sich und trennen beide Bereiche. Wo Sie keinen Frost zu befürchten haben, können Sie Zitruspflanzen auch in die Beete setzen und mit zart duftenden Pflanzen wie Gardenie, *Hedychium* und Frangipani ergänzen sowie an den Mauern mit Jasmin (*Jasminum polyanthum*) und Sternjasmin (*Trachelospermum jasminoides*). Am Ende des Gartens setzen weitere Kletterpflanzen – die Rose 'Zéphirine Drouhin' und die Duftwicke – zusätzliche duftende Akzente. Andere herrlich duftende Kletterrosen wären die gelbe Rose 'Maigold' (gepflanzt an der Pergola), die cremeweiße Rose 'Madame Alfred Carrière' und 'Gloire de Dijon', die pinkfarbene Rose 'Aloha' und die dunkelrote Rose 'Guinée'. Einen besonderen Akzent setzt der an Drähten an beiden Seiten der Seitenwände gezogene duftende Jasmin.

Ziel dieses Gartens ist es, einen Ort zum Entspannen inmitten angenehmer Düfte und zarter Blütenfarben zu schaffen. Um aber die Palette entspannender Sinneseindrücke komplett zu machen, darf fließendes Wasser nicht fehlen. Der Sichtschutz zwischen den beiden Sitzplätzen wird rund um den dreischaligen Brunnen niedriger; hier ist die Fläche zwischen den Zitronenbäumen mit einem Teppich altmodischer Nelken bepflanzt. Dadurch zieht der Brunnen, der den Garten um ein beruhigendes Plätschern bereichert, sofort die Blicke eines jeden Besuchers auf sich. Da er außerdem von beiden Sitzflächen aus zu sehen ist, schafft er eine Verbindung zwischen beiden, doch jeder Bereich bewahrt seine Eigenständigkeit. Falls Sie keinen hohen Brunnen möchten, tut es auch eine auf Bodenhöhe ins Pflaster eingefügte Schale mit einem kleinen Springbrunnen, ein Quell aus einem Loch in einem Mühlstein oder ein kleiner an der Wand befestigter Brunnen.

oben Diese kleine Rabatte in einem Garten in Tasmanien erzielt trotz ihrer Bescheidenheit Wirkung. Der Weg, flankiert von zwei wie Wächter dastehenden, in Form geschnittenen Lorbeerbäumen und eingefasst von Glänzender Heckenkirsche (*Lonicera nitida*), ist von Majoran gesäumt. In der Rabatte wächst die Prachtkerze (*Gaura lindheimeri*).

links Die von Ernest Wilson entdeckte Königslilie (*Lilium regale*) ist eine der schönsten und am köstlichsten duftenden Lilien überhaupt. Eine Massenpflanzung wie diese vermittelt einen ungefähren Eindruck davon, wie das ganze chinesische Tal geduftet haben muss, als Wilson im Jahr 1903 auf die Pflanze stieß.

Pflanzen für einen Duftgarten

1 Himalaja-Schmetterlingsingwer (*Hedychium gardnerianum*)
2 Diptam (*Dictamnus albus*, weiß)
3 Weiße Nachtviole (*Hesperis matronalis* var. *albiflora*)
4 Tabak (*Nicotiana sylvestris*)
5 Levkoje (*Matthiola longipetala* subsp. *bicornis*)
6 Levkoje (*Matthiola incana* Cinderella-Serie, gemischt)
7 Freesien (*Freesia*, gemischt)
8 Moschusrose (*Rosa moschata*)
9 Weißer Schmetterlingsingwer (*Hedychium coronarium*)
10 Echter Lavendel (*Lavandula angustifolia* 'Hidcote')
11 Echter Jasmin (*Jasminum officinale*)
12 Türkenbundlilie (*Lilium martagon*)
13 Tabak (*Nicotiana alata*)
14 Königslilie (*Lilium regale*)
15 Zitrone (*Citrus limon*)
16 Nelke (*Dianthus* 'Musgrave's Pink')
17 Lilie (*Lilium monadelphum*)
18 Glyzine (*Wisteria sinensis* 'Alba')
19 Waldgeißblatt (*Lonicera periclymenum* 'Graham Thomas')
20 Rose (*Rosa* 'Maigold')
21 Glyzine (*Wisteria sinensis*)
22 *Rosa* 'Indigo' **23** *R.* x *alba* **24** *R. gallica* 'Versicolor' **25** *R.* 'Constance Spry' **26** *R.* 'Madame Isaac Pereire'
27 Nachtviole (*Hesperis matronalis*)
28 Diptam (*Dictamnus albus*, pink)
29 Heliotrop (*Heliotropum arborescens*)
30 Palmlilie (*Yucca whipplei*)
31 Nelke (*Dianthus* 'Fenbow Nutmeg Clove')
32 Rose (*Rosa hemispherica*)

Pflanzschema A

Duft-Wicke (*Lathyrus odoratus*)
Rose (*R.* 'Zéphirine Drouhin')

Pflanzschema B

Bartnelke (*Dianthus barbatus*, gemischt)
Schleifenblume (*Iberis amara*)
Tabak (*Nicotiana* x *sanderae* Domino-Serie, gemischt)
Resede (*Reseda odorata* 'Grandiflora')
Sternbalsam (*Zaluzianskya capensis*)

Naturgarten

Selbst der normale Cottage-Garten wird heute als Zufluchtsort für Tiere und Pflanzen angesehen. Legen Sie aber einen Garten speziell mit diesem Ziel an, können Sie einen noch größeren Beitrag zum Überleben der Flora und Fauna leisten.

oben Der Juli wird in diesem Wildblumenwiesengarten in Essex bestimmt von Margeriten – ein weißes Umfeld für die natürlich entstandenen Monolithen und die vom Menschen gemachte Stele.

links In ihrem Waldgarten hat Beth Chatto Farne, Ziersträucher und Stauden wie Mahonie, Funkie, Akelei, Gemswurz und Kalifornischer Baummohn mitten in ein recht wildes Umfeld gesetzt und damit eine Art »verbesserte Natur« geschaffen, die ebenso attraktiv wie tierfreundlich ist.

Der Vorteil naturnaher Gärten erschöpft sich keineswegs darin, Ihnen das gute Gefühl zu geben, etwas für unsere Umwelt zu tun; ein in jeder Hinsicht »lebender« Garten kann auch eine wahre Augenweide sein. Er ist ein hervorragendes erzieherisches Mittel für Kinder und bietet jede Menge Spaß und Spannung. So können Kinder beispielsweise den Garten genau beobachten und Veränderungen im Tier- und Pflanzenleben in einem Tagebuch festhalten. Der Schlüssel für das Gelingen eines solchen Gartens besteht darin, der heimischen Tierwelt ein Zuhause zu bieten. Der Garten sollte deshalb gezielt mit Arten bepflanzt werden, die ein solches Tierleben begünstigen. Deshalb werden heimische Pflanzen überwiegen. Aber nicht un-

bedingt alle müssen heimisch sein: So stammt etwa die auch Schmetterlingsstrauch genannte *Buddleja*, die längst auch in europäischen Gärten Schmetterlinge anzieht, ursprünglich aus Japan. Entscheidend ist, dass Sie sich Gedanken über die Bedürfnisse der Tiere machen, die Sie in Ihrem Garten haben möchten. Alle Arten von Tieren brauchen zum Leben Unterschlupf und Nahrung. Deshalb ist es unerlässlich, dass Sie die jeweiligen Anforderungen der einzelnen Lebewesen kennen und verschiedene Lebensräume schaffen, um diese Anforderungen zu erfüllen. Erkundigen Sie sich beim Naturgarten-Verein oder Naturschutzbund oder schauen Sie ins Internet, um herauszufinden, welche Tiere Sie in Ihren Garten locken können und welche Pflanzen dabei helfen.

Selbstverständlich sind die genauen Anforderungen eines solchen Gartens von Ort zu Ort verschieden. Dennoch gibt es ein paar Richtlinien, die auf alle Gärten, in denen Tiere leben, anzuwenden sind. Der Plan auf den Seiten 98–99 zeigt einen Garten, der diese grundlegenden Dinge abdeckt, auch wenn er in erster Linie auf die nordeuropäische Fauna ausgerichtet ist.

Der von einem Flechtzaun aus Weidenruten umfriedete Garten soll kein bisschen formal sein, sondern so naturnah wie nur irgend möglich; gleichzeitig soll er möglichst gut aussehen, funktional sein und so viele unterschiedliche Lebensräume umfassen, wie auf dem begrenzten Raum unterzubringen sind. Vom Haus kommend, überquert man auf einem Steg aus Eichenplan-

oben Ein Sumpfgarten schafft einen Lebensraum, der Amphibien ebenso Schutz und Nahrung gibt wie Insekten. Zudem bietet er die Möglichkeit, Zierpflanzen einzusetzen wie etwa diese prächtigen Schwertlilien in einem Garten in Neuseeland.

rechts Zu den Seerosen zählen sowohl winterharte als auch frostempfindliche Arten. Sie tragen entscheidend zum Gelingen eines Teichs bei, in dem reges Tierleben herrscht, da sie das Wasser im Sommer beschatten, kühl halten, mit Sauerstoff versorgen und zudem Fischen und Amphibien Schutz bieten.

gegenüber Zugegeben – das hier ist schon ein wenig mehr als ein Cottage-Garten, aber dennoch verdeutlicht dieses Bild, dass ein Garten, in dem sich auch Tiere wohl fühlen, nicht nur der heimischen Fauna Zuflucht und Nahrung bietet, sondern durchaus auch ein umwerfend schöner Ort der Ruhe und Entspannung und eine Heimat für exotische Pflanzen wie Farne, Mammutblatt, Seggen und Stinkkohl sein kann.

ken den Teich zu einem aus Holz errichteten, strohgedeckten Pavillon, der zu allen Seiten hin offen ist; in ihm kann man das tierische Leben beobachten oder einfach nur entspannen. Dahinter befindet sich eine Wiese mit hohem Gras, in die Wildblumen eingesät sind und wo sich jederzeit auch ein Platz für Tisch und Stühle findet, um Gäste zu bewirten. Darüber hinaus kann die Grasfläche natürlich auch als Spielwiese genutzt werden.

Wasser eignet sich immer besonders gut, Tiere anzulocken; selbst eine einfache Vogeltränke erfüllt schon diesen Zweck. Wollen Sie aber das Potenzial Ihres Gartens in dieser Hinsicht voll ausschöpfen, sollten Sie einen möglichst großen Teich anlegen (aber nicht, solange Sie kleine Kinder haben!). Ein solcher Teich sollte mindestens 90, besser 120 Zentimeter tief sein und vom Ufer langsam abfallen, damit Kröten, Frösche, Vögel und Insekten ungehindert hinein- und wieder herauskommen. Zudem sollten im Teich Stufen von etwa 30 cm Höhe angelegt sein, um unterschiedliche Wasserpflanzen unterbringen zu können. Installieren Sie einen kleinen Springbrunnen, um das Wasser mit Sauerstoff anzureichern. Plätscherndes Wasser lockt Vögel und anderes Getier an – sofern Sie nicht eine zu große Fontäne einbauen, die die Tiere eher abschreckt als anzieht. Neben dem Teich ist ein mit heimischen Pflanzen bestückter Sumpfgarten angelegt, der auch Amphibien und anderen Tieren, die in Wassernähe leben, eine Zuflucht bietet.

Die Randbereiche des Gartens sollten ungenutzt und weitgehend sich selbst überlassen bleiben, damit sich dort das tierische Leben ungestört entfalten kann. Die Mischung aus Sommerblumen, Stauden und Sträuchern in diesen Bereichen zieht Schmetterlinge an und bietet Vögeln Schutz und Nahrung. Wie die meisten Gärtner bevorzugen auch Schmetterlinge warme, geschützte

oben Der holländische Spezialist im Anlegen stilisierter Staudenwiesen, Piet Oudolf, hat in diesem Garten in Norfolk eines seiner größten Meisterwerke geschaffen. Großflächig angepflanzte Stauden wie Prachtscharte, Indianernessel und Astilbe bilden hier Seite an Seite mit Ziergräsern eine sorgfältig zusammengestellte Komposition von Farben und Formen.

rechts In einem Naturgarten sollte es nicht ausschließlich darum gehen, alles anzulocken, was da kreucht und fleucht. Auch einheimische Pflanzen sind vom Aussterben bedroht, und deshalb sollten Sie, sofern die Bodenverhältnisse es erlauben – die meisten Wildblumen wachsen auf sehr mageren Böden –, einen Teil Ihres Garten auch zu einem Refugium für Pflanzen machen. Dieses zu den Orchideen zählende Knabenkraut gedeiht in einem Garten in der Normandie.

unten Der für Wildtiere ebenso wie für Pflanzen geeignete Garten entfaltet seine Wirkung nicht nur im großen Maßstab, sondern auch im Detail, wie dieser kleine Ausschnitt aus der Frühlingswiese von Great Dixter zeigt. Die nickenden Blüten sowohl der purpurroten als auch der weißen Schachbrettblume blicken auf die sternförmigen weißen Buschwindröschen, während die fröhlich gelben Narzissen Wache stehen.

Fleckchen, und deshalb sollten Sie ein solches für Ihren Schmetterlingsgarten reservieren. Schmetterlinge benötigen auch Mineralien, die sie aus Dung oder feuchtem Boden beziehen, und manche ernähren sich auch von verfaulendem Obst oder verrottender Vegetation. Ein Komposthaufen ist deshalb eine ideale Ergänzung Ihres Naturgartens, da er nicht nur der Population der Schmetterlinge zugute kommt, sondern auch anderen Tieren Nahrung und Unterschlupf bietet. Neben Insekten finden sich hier auch Wirbellose, die wiederum einen Teil der Nahrung von Säugetieren wie Igeln und Füchsen ausmachen. Noch mehr Schmetterlinge können Sie durch das Anpflanzen bestimmter Pflanzen, von denen sich Raupen und Larven ernähren, anlocken.

Vögel brauchen einen Unterschlupf zum Ausruhen, Schlafen und Nisten sowie Nahrung und Wasser. Im Idealfall sollte ein Garten, der auf Tiere Rücksicht nimmt, je nach Größe entweder eine lange Hecke aufweisen oder ein kleines Dickicht – oder am besten beides zusammen. Im vorliegenden Beispiel haben wir sogar ein kleines Wäldchen aus Waldbäumen, an denen Nistkästen befestigt werden können. Bäume und Sträucher bieten unzählige Schlaf- und Nistplätze sowie ein vielfältigeres Nahrungsangebot in Form von Samen und Beeren sowie von Insekten, die von den Pflanzen angezogen werden.

Verfaulende Baumstämme bieten zahlreichen Insekten und Wirbellosen einen Lebensraum und sehen darüber hinaus auch noch interessant aus. Ein weiterer Lebensraum, in dem Tiere wie Molche oder Frösche Unterschlupf finden, wäre ein Steinhaufen mit Hohlräumen.

Eigentlich selbstverständlich sollte bei der Einrichtung eines solchen Naturgartens sein, dass Sie unter keinen Umständen chemische Spritzmittel verwenden. Wenn Sie alles richtig machen, entsteht in Ihrem Garten ein eigenes Ökosystem, in dem diejenigen Tiere, die der Gärtner als Schädlinge weniger schätzt, zur Nahrung anderer Tiere dienen. Sollte es doch einmal nötig werden, gegen Schädlinge vorzugehen, gibt es dafür mittlerweile reichlich biologische Alternativen. Und vergessen Sie nicht, dass der Hauptzweck eines Naturgartens darin besteht, das natürliche Leben zu fördern – und nicht etwa darin, perfekte Bilderbuchpflanzen zu ziehen.

rechts Eine Kombination von Cottage-Garten und freier Natur bildet diese hübsche bunte Mischung aus verschiedenfarbigen Schwertlilien, Margeriten und Nachtviolen.

unten Dieser Naturgarten in Frankreich hat eine stark fernöstlich angehauchte Atmosphäre, zumal die Vegetation am Bach von Pflanzen dominiert wird, die ursprünglich aus China und Japan stammen: von Funkien, Etagenprimeln und einer leuchtend pinkfarbenen China-Rose. Doch trotz ihrer fremden Herkunft ziehen diese Pflanzen wild lebende Tiere (wenn auch leider vor allem Schnecken!) an.

Pflanzen für einen Naturgarten

1 [illegible] Apfel (*Malus prunifolia* 'Cheal's Crimson')
2 Stechpalme (*Ilex aquifolium*)
3 Feldahorn (*Acer campestre*)
4 Weißdorn (*Crataegus monogyna*)
5 Stieleiche (*Quercus robur*)
6 Pfaffenhütchen (*Euonymus europaea*)
7 Schmetterlingsstrauch (*Buddleja alternifolia*)
8 Kartoffelrose (*Rosa rugosa*)
9 Gemeiner Schneeball (*Viburnum opulus*)
10 Schmetterlingsstrauch (*Buddleja davidii* 'Black Knight')

Pflanzschema A

Glockenblume (*Campanula trachelium*)
Schöllkraut (*Chelidonium majus*)
Roter Fingerhut (*Digitalis purpurea*)
Walderdbeere (*Fragaria vesca*)
Goldnessel (*Lamium galeobdolon*)
Vergissmeinnicht (*Myosotis sylvatica*)
Kissenprimel (*Primula vulgaris*)
Rote Lichtnelke (*Silene dioica*)
Salbei-Gamander (*Teucrium scorodonia*)

Pflanzschema B

Flockenblume (*Centaurea stoebe*)
Echtes Labkraut (*Galium verum*)
Wiesen-Witwenblume (*Knautia arvensis*)
Margerite (*Leucanthemum vulgare*)
Hornklee (*Lotus corniculatus*)
Knolliger Hahnenfuß (*Ranunculus bulbosus*)
Schlüsselblume (*Primula veris*)
Rotklee (*Trifolium pratense*)
Vogelwicke (*Vicia cracca*)

Pflanzschema C

Seerose (*Nymphaea odorata*)
Seerose (*N. odorata* var. *rosea*

Pflanzschema D

Zarter Gauchheil (*Anagallis tenella*)
Sumpfdotterblume (*Caltha palustris*)
Wiesenschaumkraut (*Cardamine pratensis*)
Wasserdost (*Eupatorium cannabinum*)
Mädesüß (*Filipendula ulmaria*)

Bachnelkenwurz (*Geum rivale*
Schwertlilie (*Iris pseudacorus*)
Kuckucksblume (*Lychnis flos-cuculi*)
Wolfstrapp (*Lycopus europaeus*)
Pfennigkraut (*Lysimachia nummularia*)

Sumpf-Ziest (*Stachys palustris*)
Blutweiderich (*Lythrum salicaria*)
Flohkraut (*Pulicaria dysenterica*)

Pflanzschema E

Gewöhnlicher Wundklee (*Anthyllis vulneraria*)
Geißbart (*Aruncus dioicus*)
Spornblume (*Centranthus ruber*)
Flockenblume (*Centaurea scabiosa*)
Flockenblume (*C. nigra*)
Wilde Karde (*Dipsacus fullonum*)
Wasserdost (*Eupatorium cannabinum*)
Ferkelkraut (*Hypochaeris radicata*)
Wiesen-Witwenblume (*Knautia arvensis*)
Wiesenmargerite (Leucanthemum *vulgare*)
Hornklee (*Lotus corniculatus*)
Blutweiderich (*Lythrum salicaria*)
Sauerampfer (*Rumex acetosa*)
Großer Wiesenknopf (*Sanguisorba officinalis*)
Tauben-Skabiose (*Scabiosa columbaria*)
Teufelsabbiss (*Succisa pratensis*)

Kräutergarten

Schon immer galten Kräuter als unverzichtbarer Bestandteil des Cottage-Gartens. Sie sind nicht nur sehr schön, sondern auch nützlich, weshalb sie in den Regalen von Feinkostgeschäften und Supermärkten zu finden sind.

oben Die fast wie Hecken wirkenden Kräuter Salbei und Rosmarin scheinen auf die formalen, dreieckigen Thymianmatten zuzustreben, die wiederum zur Sonnenuhr zeigen. Dieser sehr schlichte Kräutergarten passt perfekt zur alten Abtei.

gegenüber Ein Tonkrug als Blickfang inmitten einer bunten Mischung aus Kräutern und Zierpflanzen, darunter Majoran, Gartenmelde, Gartenraute, *Phacelia* und Heiligenkraut.

Ein Kraut kann eine »Heilpflanze, Würzpflanze o. Ä.« sein, und so gibt es Hunderte von Pflanzen, die man als Kräuter bezeichnen kann. Kräuter kommen seit jeher frisch oder getrocknet in der Küche zum Einsatz und dienten vor der Entstehung der Pharmaindustrie als wichtigster Rohstoff in der Arzneimittelherstellung. Noch heute spiegeln einige ihrer Namen ihre ursprüngliche Verwendung wider, wie dies etwa bei Wundkraut oder Augentrost deutlich wird. Kräuteröle werden extrahiert und zu ätherischen Ölen für die Aromatherapie destilliert. Ich empfehle jedoch, vor jeder Selbstmedikation ärztlichen Rat einzuholen.

links Dieser tief liegende Garten in Santa Barbara macht sich seine ungewöhnlichen topographischen Voraussetzungen zunutze. Die Hochbeete nehmen die Thematik der Mauern wieder auf. Um die geometrische Anmutung ein wenig aufzulockern, sind die Beete mit wild wuchernden Kräutern bepflanzt. Einzelne Töpfe mit weiteren Kräutern schwächen die Strenge der geraden Kanten ab.

gegenüber Selbst der einfachste Gartengrundriss kann durch eine bunte Palette von Kräutern belebt werden. Schopflavendel und Schnittlauch strecken vorwitzig ihre Blütenstände in die Luft, während Salbei, Minze und Katzenminze den Weg überwuchern und Fenchel und Sauerampfer dem Beet mehr Höhe verleihen.

Auch im Haus wurden Kräuter schon immer auf vielfältige Weise eingesetzt, und zwar sowohl zur Dekoration als auch als Nutzpflanzen. Potpourris aus duftenden Blättern und Blüten von Rosen, Lavendel, Zitronenverbene und Kamille wurden eingesetzt, um das Haus mit einem angenehmen Duft zu erfüllen, und getrocknete Kräuterblüten wie die des Heiligenkrauts und des Wermuts fanden als Dekoration Verwendung. Auch als Schutz gegen Insekten wurden Kräuter genutzt; Flohkraut hielt Flöhe vom Bettzeug fern, Holunderblätter vertrieben Fliegen, und Mutterkraut schützte vor Motten.

Kräuter sind zudem sehr schöne Pflanzen, die von der Natur so geschaffen wurden, dass die meisten von ihnen optisch gut zueinander passen. Viele Kräuter eignen sich bestens als vielseitig einsetzbare Zierpflanzen. Sie waren schon immer ein Bestandteil jener bunten Mischung, die den Cottage-Garten ausmacht, und bewähren sich in nicht formalen Gruppen im Kräuterbeet des Nutzgartens ebenso wie im Ziergarten. Auch im formalen Beet eines formalen Gartens oder in einem streng geometrischen Kräuterbeet machen sie eine gute Figur; in unserem Beispiel aber soll der gesamte Garten aus Kräutern bestehen.

Der Grundriss dieses Cottage-Kräutergartens (Seite 105) ist formal, basiert aber ausschließlich auf natürlichen Materialien. Ziel der Anlage ist es, dem Garten eine attraktive Form zu geben, die zugleich größtmögliche Flexibilität gewährleistet. Im Plan sind zwar sämtliche Beete mit Kräutern bepflanzt, aber es wäre kein Problem, diese ganz oder teilweise durch andere Pflanzen zu ersetzen, um ein abwechslungsreicheres oder traditionelleres Gesamtbild zu erzielen. Vom zentral gelegenen Springbrunnen aus erstrecken sich strahlenförmig vier Gruppen einander überlappender quadratischer Beete nach außen, die mithilfe dicker Eichenbretter in verschiedenen Höhen angelegt sind und je einen hohen Springbrunnen mit quadratischem Grundriss (ebenfalls aus Eiche und wasserdicht gemacht) enthalten. Ein zentraler quadratischer Platz, der mit verwitterten Ziegelsteinen ausgelegt ist, bringt Abwechslung in den Bodenbelag, der ansonsten aus unregelmäßig geformten Natursteinplatten besteht; diese wurden bewusst mit großen Zwischenräumen verlegt, um zwischen ihnen genügend Raum für Thymian und Römische Kamille zu lassen. Am hinteren Ende des

Gartens befindet sich ein halbrundes Hochbeet, das als Sitz benutzt werden könnte, auch wenn die runden Bänke an den Seiten bequemer sein dürften. Auch sie sind von Hochbeeten umgeben und so positioniert, dass man von ihnen aus den gesamten Garten überblicken kann.

Kräuter teilt man in drei Hauptkategorien – strauchartig, staudenartig und ein- oder zweijährig –, und dieser Garten macht sich alle drei zunutze. Da ich gern koche, ist er hauptsächlich mit Küchenkräutern bepflanzt, auch wenn viele von ihnen ganz unterschiedliche Zwecke erfüllen. Lavendel beispielsweise lässt sich zu Tee aufgießen oder zum Füllen von Kissen verwenden; die Blüten von Gurkenkraut können in kandierter Form zum Verzieren von Kuchen und Torten eingesetzt werden, während seine Blätter zum Aromatisieren von Getränken dienen; Bergamott-Blüten machen Salate und Potpourris würziger, und Blüten des Heiligenkrauts können als Dekoration ge-

trocknet werden, während seine Blätter ebenfalls in Potpourris verwendet werden.

Vier Einzelexemplare strauchiger Kräuter wie Salbei, Zitronenverbene, Rosmarin und Brandkraut werden als Blickfang in den jeweils größten Hochbeeten eingesetzt und sollten, um ihre Wirkung nicht zu verlieren, regelmäßig in Form geschnitten werden. Strauchige Kräuter, die als niedrige Hecken gute Dienste leisten, stehen in den Beeten, die den Mauern am nächsten sind, wo sie in dieselbe Form geschnitten sind wie das Beet und auf dieselbe Höhe wie das mittlere Beet. Das Schnittschema gibt dem Ganzen einen formalen Touch, der von den vier in Kegelform getrimmten Lorbeerbäumen in den Ecken der Beete noch verstärkt wird, und erzeugt einen schönen Kontrast zu den staudenartigen und kurzlebigen Kräutern, die in lockeren, nicht formalen Büscheln in den großen Hochbeeten stehen.

Die unmittelbar neben dem zentralen Wasserbecken auf Bodenhöhe gelegenen Beete sind ebenfalls formal bepflanzt mit verschiedenen Arten von Thymian und Basilikum, die nicht nur recht attraktiv aussehen, sondern auch bei Berührung einen angenehmen Duft verströmen. Außerdem zählen die beiden zu meinen liebsten Küchenkräutern und sind deshalb zum schnellen Ernten möglichst nah an der in den Garten führenden Tür des Hauses platziert. Mein allerliebstes Kraut – Lavendel habe ich besonders ausgiebig eingesetzt, und zwar sowohl als Hintergrund zu den gebogenen Sitzbänken als auch in großen Mengen im hinteren, halbrunden Hochbeet. Natürlich machen sich auch andere in größeren Mengen angepflanzte Kräuter ähnlich gut. Drei Arten von Minze sind absichtlich in Töpfe gepflanzt, um ihren Drang sich auszubreiten in Grenzen zu halten (im Beet würden sie bald alles andere überwuchern), und andere Töpfe enthalten die frostempfindlichen staudenartigen Kräuter Zitronengras und Ingwer. Darüber hinaus bleibt genügend Raum für weitere Kübelpflanzen.

Mit Kräutern können Sie viel Spaß haben und experimentieren, ohne dass Sie gleich einen eigenen Kräutergarten anzulegen brauchen; ebenso gut können Sie alle möglichen Lücken mit Kräutern füllen oder sie einfach in Töpfen ziehen, die Sie in die Beete stellen.

gegenüber Kräuter werden meist wegen ihres Laubs geschätzt, obwohl viele von ihnen fast wie Blumen wirken. In dieser Kombination harmoniert das silberne Blattwerk des Heiligenkrauts mit dem zweifarbigen Thymian. Beide kontrastieren mit der mächtigen Wilden Karde, deren stachelige blaue Blüten wiederum gut zu den gelben Blütenköpfchen des Heiligenkrauts passen.

links Der schwarze Schuppen im Hintergrund und die weiß blühende Clematis lassen die Kräuter noch lebhafter erscheinen. Dies ist ein weiterer Beweis für die These, dass so ziemlich jede Zusammenstellung von Kräutern irgendwie funktioniert. Hier steht Schopflavendel neben Sauerampfer und Heiligenkraut, während zweifarbiger Salbei das Gesamtbild noch vielfältiger macht.

unten Der kalifornische Kräutergarten von Seite 100 – diesmal aus der entgegengesetzten Perspektive – belegt, dass eine Ansammlung von Kräutern aus allen Blickwinkeln gut aussehen kann und der streng geometrische Grundriss des Gartens sowie der in Form gestutzte Lorbeerbaum ein Gegengewicht zu den uneingeschränkt wuchernden Kräutern bilden.

rechts Kräuter sind sehr dankbare Pflanzen, die so manchen Fehler verzeihen und dem Gärtner viel Freude bereiten. In dieser Szene bildet der Teppich aus Blatt- und Blü[illegible] Lavendel, Basilikum, Kapuzinerkresse, Thymian, Fenchel, Engelwurz und anderen Kräutern einen wunderbaren Kontrast zum dahinter liegenden Durcheinander.

links Mithilfe von Kräutern lässt sich auch eine eher beruhigende Stimmung erzeugen wie in diesem Fall, wo das Dunkelgrün der Hecke zusammen mit der Oberflächenstruktur und den Farbtönen von Rosmarin und Purpur-Salbei ein friedvolles, duftendes Umfeld für die Gartenbank schaffen.

Pflanzen für einen Kräutergarten

1 Schopflavendel (*Lavandula stoechas*)
2 Lorbeerbaum (*Laurus nobilis*)
3 Eberraute (*Artemisia abrotanum*)
4 Purpursalbei (*Salvia officinalis* 'Purpurascens')
5 Gartenfenchel (*Foeniculum vulgare*)
6 Liebstöckel (*Levisticum officinale*)
7 Gartenkerbel (*Anthriscus cerefolium*)
8 Schwertlilie (*Iris germanica* 'Florentina')
9 Zitronen-Verbene (*Aloysia triphylla*)
10 Gartenringelblume (*Calendula officinalis*)
11 Sauerampfer (*Rumex acetosa*)
12 Katzenminze (*Nepeta nervosa*)
13 Schnittlauch (*Allium schoenoprasum*)
14 Echter Thymian (*Thymus vulgaris*)
15 Sand-Thymian (*Thymus serpyllum*)
16 Basilikum (*Ocimum basilicum* 'Napolitana')
17 Dill (*Anethum graveolens*)
18 Ysop (*Hyssopus officinalis*)
19 Heiligenkraut (*Santolina chamaecyparissus*)
20 Waldmeister (*Galium odoratum*)
21 Rotes Basilikum (*Ocimum basilicum* var. *purpurascens*)
22 Kreuzkümmel (*Cuminum cyminum*)
23 Rosmarin (*Rosmarinus officinalis*)
24 Indianernessel (*Monarda didyma*)
25 Süßdolde (*Myrrhis odorata*)
26 Balsamkraut (*Tanacetum balsamita*)
27 Petersilie (*Petroselinum crispum*)
28 [illegible] 'Snowdrift')
29 Thai-Basilikum (*Ocimum basilicum* 'Horapha')
30 Zitronenthymian (*Thymus* x *citriodorus*)
31 Zitronengras (*Cymbopogon citriatus*)
32 Ingwer (*Zingiber officinale*)
33 Thymian (*Thymus* Coccineus-Gruppe)
34 Ährige Minze (*Mentha spicata*)
35 Pfefferminze (*M.* x *piperita*)
36 Rundblättrige Minze (*M. suaveolens* 'Variegata')
37 Koriander (*Coriandrum sativum*)
38 Zitronenmelisse (*Melissa officinalis*)
39 Gartensalbei (*Salvia officinalis*)
40 Borretsch (*Borago officinalis*)
41 Echter Lavendel (*Lavandula angustifolia* 'Alba')
42 Wermut (*Artemisia absinthium*)
43 Basilikum (*Ocimum basilicum* var. *minimum*)
44 Thymian (*Thymus* 'Doone Valley')
45 Echter Thymian (*T. vulgaris* 'Silver Posie')
46 Estragon (*Artemisia dracunculus*)
47 Gartenraute (*Ruta graveolens* 'Jackman's Blue')
48 Kümmel (*Carum carvi*)
49 Majoran (*Origanum majorana*)
50 Brandkraut (*Phlomis fruticosa*)
51 Purpurroter Fenchel (*Foeniculum vulgare* 'Purpureum')
52 Dost (*Origanum vulgare*)
53 Mutterkraut (*Tanacetum parthenium*)
54 Römische Kamille (*Chamaemelum nobile*)

1
2
2
5
6
18
17
3
19
20
4
7
13
21
8
11
22
10
9
23
24
25
12
13
26
27
14
28
1
15
16
29
30
31
1
32
15
45
21
43
46
37
47
33
35
22
38
24
44
48
39
49
50
51
34
36
34
10
35
24
17
52
36
40
27
41
54
15
23
42
2
53
2

Erntegarten

Der Cottage-Garten war seit jeher eine harmonische Mischung aus Nutz- und Zierpflanzen. Wenn wir an »Ernte« denken, kommen uns normalerweise als Erstes die unterschiedlichsten Feldfrüchte in den Sinn. Doch Pflanzen liefern auch vieles zum Ausschmücken des Hauses.

gegenüber Dieser spätsommerliche schwedische Garten in Stockholm steht kurz vor der Ernte. Die stachligen, kugelförmigen Blüten der Kugeldistel (*Echinops ritro*) eignen sich ebenso hervorragend für Trockenblumensträuße wie die Samenstände von Ziergräsern wie dem Moor-Reitgras (*Calamagrostis* x *acutiflora* 'Karl Foerster').

oben rechts Edeldisteln gibt es in den unterschiedlichsten Formen und Größen, aber alle haben sie diese herrlich stachelige Form, die in diesem Fall auch noch durch die metallicblaue Färbung hervorgehoben wird. Getrocknet sehen sie schon für sich allein großartig aus, aber auch zwischen frischen Blumen machen sie sich bestens.

unten rechts Die goldenen Farben der Ernte: Diese Kombination aus den flachen Blütenständen der Schafgarbe (*Achillea*) und des zartgliedrigen Pfriemengrases (*Stipa tenuissima*) sieht nicht nur im Garten sehr gut aus, sondern lässt sich auch gut als Trockenarrangement im Haus verwenden.

Zu den erfreulichen Dingen beim Erntegarten gehört die Tatsache, dass ein Großteil des zu erntenden Materials gegen Ende der Wachstumsperiode produziert wird, seien es nun dekorative Äste und Zweige, lange haltbare Blüten zum Trocknen, Samenkapseln für Blumenarrangements oder auch schöne Beeren und Früchte.

Aus diesem Grund kann ein richtig geplanter Erntegarten über den größten Teil des Jahres voll und ganz seine Funktion als Ziergarten erfüllen, um Sie dann, wenn die meisten anderen Gärten allmählich nachlassen, mit einer besonderen Zugabe zu belohnen. Genau das ist auch das Ziel des hier vorgestellten Ernte-Cottage-Gartens. Die Bepflanzung ist so angelegt, dass sie bereits während der Vegetationszeit einen ästhetischen Gesamteindruck bietet. Erst gegen Ende der Wachstumsperiode aber läuft sie zur Hochform auf, weil sie dann zum einen reichlich dekoratives Material liefert und zum anderen eine üppige Ernte an Kräutern.

Aber während unser Erntegarten (Seite 113) ausschließlich im Hinblick auf die Ernte bepflanzt ist, kann es geschehen, dass der Gärtner im Lauf der Jahre ein wenig Abwechslung haben möchte, und deshalb habe ich den Plan von vornherein so flexibel wie möglich gestaltet. Grundriss und Struktur der Beete machen den Garten schon durch seine unterschiedlichen Formen und Höhen interessant, und die Pflasterung sowie der Wassergraben tun ihr Übriges. Mit geringem Aufwand kann dem Garten durch eine neue Bepflanzung eine völlig neue Funktion zugewiesen werden, ob es sich nun um eine Mischung aus Ernte- und Zierpflanzen, Kräutern und Gemüse, Zierpflanzen und Gemüse oder eine sonstige Zusammenstellung handelt.

oben Von der Sterndolde gibt es Varietäten in verschiedenen Farben von Weiß über Pink bis zu diesem tiefen Weinrot.

oben rechts Heutzutage lässt man kaum noch Blüten so lange stehen, bis die Samen ausgereift sind; statt dessen kaufen wir die Samen lieber. Dabei sind viele Samenkapseln – wie etwa die der Jungfer im Grünen – nicht nur äußerst dekorativ, sondern sorgen auch für Nachschub im kommenden Jahr.

rechts Mit seinem runden Blütenstand aus sternförmigen blauen Blüten wird der Sternkugel-Lauch in jedem Beet zum Blickfang. Doch auch nach dem Absterben der Blüten sind die Samenstände äußerst dekorativ und lassen sich mithilfe von Sprühfarbe beliebig einfärben.

Gleich hinter dem Haus befindet sich eine Terrasse, die in einem rustikalen, unregelmäßigen Muster mit unterschiedlich großen rechteckigen Kalksteinplatten ausgelegt ist. Den Wassergraben, der den gesamten Garten umschließt, überquert man auf einem stark mit dem Bodenbelag kontrastierenden Trittstein aus Schiefer. Die bogenförmigen Fontänen im Graben bereichern den Garten um ihr Plätschern, vermitteln den Eindruck von Bewegung und geben dem Ganzen einen leicht exotischen Anstrich. Der Grundriss des Erntegartens beruht auf dem Kleeblatt-Prinzip des traditionellen Cottage-Gartens, aber die Anordnung ist offen, und die vier Viertel sind nicht durch Rankgitter oder als Spaliere gezogene Obstbäume voneinander getrennt. Außerdem ist das Grundmuster des traditionellen quadratischen Beets dahingehend modifiziert, dass es dekorativer wirkt, und Teile davon sind mithilfe roter Backsteinmauern erhöht, um den Garten um eine vertikale Dimension zu bereichern.

Den Grundansatz der Pflanzung könnte man unter dem Begriff »ästhetische Ernte« zusammenfassen. Um dem Garten ein einheitliches Gesicht zu geben, wird die auf Bodenhöhe gelegene Rabatte um die vier Gartenviertel mit ein und derselben Pflanzenart bestückt: mit dem Strandflieder der Forever-Serie, die mit die schönsten Hybriden zur Herstellung von Trockenblumen aufwarten kann. Die Pflanze glänzt durch ihr breites Spektrum an Blütenfarben – Rot, Gelb, Weiß, Blau, Mauve und Purpur –, und die vielen kleinen Büschel unterschiedlicher Farben ergeben eine ganz und gar nicht formale Wirkung – ein interessanter Kontrast zum streng formalen Grundriss.

Innerhalb eines jeden Viertels finden sich zwei verschiedene Arten von Beeten: ein größeres und höheres und vier kleinere rautenförmige. Insgesamt erhalten wir somit 16 dieser Rauten, und die vier Gruppen von jeweils vier Mini-Beeten sind farblich genau aufeinander abgestimmt. Im hinteren Bereich des Gartens überwiegen die wärmeren Rot- und Gelbtöne, die die Blicke auf sich ziehen und mit den sommerlichen Grüntönen der Gräser in den höheren Beeten kontrastieren. Diese erreichen ihren Höhepunkt im Spätsommer und Herbst, wenn sich ihre Samenkapseln ausbilden und sie ihre Herbstfärbung annehmen. Die jeweils vier Beete in den beiden vorderen Vierteln dagegen sind mit kühleren Weiß- und Blautönen bepflanzt, die

links Bei einem Erntegarten ist es ebenso faszinierend, das Wachstum der Pflanzen zu beobachten wie am Ende die Ernte einzubringen. Besonders gut lassen sich in einem solchen Garten immer wieder neue Kombinationen von Pflanzen ausprobieren, wie etwa hier die Zusammenstellung des Chinaschilfs (*Miscanthus sinensis* 'Morning Light') und des Schwarzen Lauchs (*Allium nigrum*).

sehr schön mit den Zierkürbissen und mit den Kräutern harmonieren. Schließlich erhebt sich in jedem Viertel ein mittig gesetzter Strauch als Blickfang über die Vegetation seiner Umgebung. Auch der Pflanzstil variiert – sowohl aus ästhetischen als auch aus praktischen Gründen. Im Gegensatz zum Strandflieder sind die Stauden, die Einjährigen und die kleineren Ziergräser in regelmäßigen, geraden Reihen gepflanzt, damit sie leichter geerntet werden können und besser in die formale Struktur des Gartens passen, während die höheren Gräser, die Zierkürbisse und die Kräuter in ihrem Beet wachsen dürfen, wie sie wollen.

Die Vielfalt erntefähiger Pflanzen ist so gewaltig, dass Sie immer neues Material zur Ausschmückung Ihres Hauses haben und gleichzeitig Ihr Garten wie ein reiner Ziergarten wirkt. Falls Ihnen dieser Entwurf aber zu puristisch ist, können Sie jederzeit die eine oder andere erntefähige Pflanze oder ein exotisches Gemüse durch normale Zierpflanzen ersetzen.

Falls Sie jedoch einen Erntegarten voll mit Obst und Gemüse möchten, aber keinen Gemüsegarten wie auf den Seiten 44–45, können Sie auch den Kleeblatt-Grundriss des traditionellen Cottage-Gartens (Seiten 28–29) übernehmen und alle vier Viertel mit Gemüse bepflanzen und mit Obst, das an Mauern und Drähten entlang den Wegen gezogen wird. Bei reinen Gemüsegärten empfiehlt sich der Fruchtwechsel zwischen den vier Beeten. Dabei wird, um Krankheiten und Schädlingen vorzubeugen und die

Nährstoffe im Boden gut auszunutzen, jedes Viertel mit einer der vier Gemüsegruppen (Nachtschattengewächse, Wurzeln und Knollen; Hülsenfrüchte und Kapseln; Zwiebelgewächse; und Kohlarten) bepflanzt und nach jeder Saison um ein Beet nach links versetzt, sodass man im fünften Jahr wieder da ist, wo man begonnen hat. Natürlich können Sie einen Cottage-Garten auch ausschließlich mit Kräutern bepflanzen, die Sie zum Kochen, zur Dekoration und (aber nur nach Absprache mit dem Arzt) zu Heilzwecken verwenden (siehe Seiten 98–103).

gegenüber Auf den ersten Blick haben wir hier »nur« eine schöne Staudenwiese in ihrer ganzen sommerlichen Pracht vor uns. Viele dieser Pflanzen – Schafgarbe, Segge, Sonnenhut, Indianernessel und Scheinsonnenhut – können als Schnittblumen, für Trockensträuße oder sogar als Kräuter geerntet werden und sind ebenso nützlich wie schön.

links Die Samenschote einer Wicke entwickelt mit ihrer bootsartigen Form, der bräunlichen Färbung und den winzigen Härchen ihre eigene Schönheit.

oben Der Samenstand des Federgrases (*Stipa gigantea*) ist ebenso zartgliedrig wie elegant und dekorativ. Bei einem Erntegarten ist gerade auch die Zeit nach dem Ausreifen der Pflanzen interessant.

links Mit ihren auffälligen purpurfarbenen Blüten und den silbergrauen Blättern gehört die Wilde Artischocke (*Cynara cardunculus*) zu meinen liebsten Gartenpflanzen. Ist dies nun ein Gemüse oder die Quelle für einen exotischen getrockneten Blütenstand? So produktiv kann der Erntegarten sein!

ganz oben Die Giftbeere (*Nicandra physalodes*) vertreibt Fliegen, was sich auch in ihrem englischen Namen »shoo-fly« (»Fliegenverscheucher«) niederschlägt. Ihre Kelche erinnern ein wenig an eine andere wunderbare Erntepflanze, die Lampionblume (*Physalis alkekengi*).

oben Dieser Samenstand einer Wilden Möhre verdeutlicht anschaulich die Vorteile eines Erntegartens, bei dem zur Freude über die Pflanzen noch eine reiche Ernte kommt.

Pflanzen für einen Erntegarten

1 Strandflieder (*Limonium sinuatum* Forever-Serie, gemischt)
2 Pampasgras (*Cortaderia selloana* 'Silver Comet')
3 Lampionblume (*Physalis alkekengi*)
4 Silber-Ährengras (*Stipa calamagrostis*)
5 Papierblume (*Xeranthemum annuum*)
6 Zittergras (*Briza maxima*)
7 Fetthenne (*Sedum spectabile* 'Brillant')
8 Mähnengerste (*Hordeum jubatum*)
9 Astilbe (*Astilbe chinensis* var. *pumila*)
10 Trauerweide (*Salix babylonica* var. *pekinensis* 'Tortuosa')
11 Mais (*Zea mays*)
12 *Xerichrysum bracteatum*
13 Wilde Karde (*Dipsacus fullonum*)
14 Schwertlilie (*Iris foetidissima*)
15 Hiobsträne (*Coix lacryma-jobi*)
16 Frauenmantel (*Alchemilla mollis*)
17 Hasenschwanzgras (*Lagurus ovatus*)
18 Schafgarbe (*Achillea* 'Moonshine')
19 Haselnuss (*Corylus avellana* 'Contorta')
20 Echter Lavendel (*Lavandula angustifolia* 'Hidcote')
21 Kugeldistel (*Echinops ritro*)
22 Rosmarin (*Rosmarinus officinalis*)
23 Jungfer im Grünen (*Nigella damascena*)
24 Brandkraut (*Phlomis fruticosa*)
25 Pyrenäendistel (*Eryngium bourgatii*)
26 Heiligenkraut (*Santolina chamaecyparissus*)
27 Sternkugel-Lauch (*Allium cristophii*)
28 Kartoffelrose (*Rosa rugosa*)
29 Gartenkürbis (*Cucurbita pepo*)
30 Silberimmortelle (*Anaphalis margaritacea*)
31 Schleierkraut (*Gypsophila paniculata* 'Bristol Fairy')
32 Sterndolde (*Astrantia major*)
33 Judassilberling (*Lunaria major*)
34 Schönfrucht (*Callicarpa bodinieri* var. *giraldii*)

Schnittblumen

Es ist sehr einfach, einen Cottage-Garten anzulegen, dessen Hauptzweck darin besteht, Schnittblumen fürs Haus zu liefern, der aber zugleich das ganze Jahr über schön anzusehen ist.

oben Wenn Sie im Ziergarten Schnittblumen anbauen wollen, sollten Sie immer eine ausreichend große Zahl pflanzen, damit Ihr Garten auch nach dem Ernten attraktiv bleibt.

rechts Ein Schnittblumengarten kann entweder in einen Ziergarten integriert oder als eigene Einheit angelegt werden. Außerdem kann er formal bepflanzt werden wie oben oder nicht formal wie hier, wo die Mischung aus Schafgarbe, Rittersporn und Glockenblume sowohl im Beet als auch in einem Strauß gut aussieht.

Falls Sie nur begrenzten Bedarf an Schnittblumen haben, ist es am einfachsten, eine Ecke des Gartens für diesen Zweck zu reservieren. Sie können aber auch die Schnittblumen gleich bei der Planung des Gartens so mit einbeziehen, dass ein gelegentliches Ernten das Gesamtbild kaum beeinträchtigt und Sie trotzdem immer genügend Blumen für Ihre Sträuße zur Verfügung haben.

Benötigen Sie jedoch Blüten in größeren Mengen, brauchen Sie dafür einen speziellen Schnittblumengarten. Der Plan auf den Seiten 120–121 zeigt einen solchen Garten, der sich zugleich auch zum Entspannen eignet. In unmittelbarer Nähe zum Haus befindet sich ein mit Ziegelsteinen gepflasterter, beschatteter Sitzbereich, in dem die Glyzine, die sich über die Pergola rankt, ihren köstlichen Duft verströmt. Falls Sie über einen längeren Zeitraum Blüten und Düfte haben möchten, können Sie die Pflanzung um Kletterrosen, Jasmin und Geißblatt ergänzen. In wärmeren Klimazonen kämen auch Kletterpflanzen wie Kranzschlinge (*Stephanotis floribunda*) oder Sternjasmin (*Trachelospermum jasminoides* oder *T. asiaticum*) infrage. Kommt es Ihnen vor allem auf attraktives Laub an, können Sie auch Rostrote Rebe (*Vitis coignetiae*) oder Jungfernrebe (*Parthenocissus*) nehmen.

Die benachbarten quadratischen Bereiche haben in erster Linie dekorative Funktion, und ihr schlichter Grundriss soll sich bewusst vom üppigen Schnittblumengarten absetzen. Die Wasserbecken und Springbrunnen bereichern den Garten um das beruhigende Geräusch und den Anblick fließenden Wassers und sind vom Haus aus auch unter der nächtlichen Beleuchtung gut zu sehen. Die Terrakottatöpfe, die an sich schon die Blicke auf sich ziehen, beherbergen frostempfindliche Arten mit exotischen Schnittblumen: die Paradiesvogelblume und der Himalaja-Schmetterlingsingwer, dessen schmetterlingsartige Blüten zwar recht kurzlebig sind, aber einen köstlichen Duft verströmen. Weitere exotische Schnittblumen wären Flamingoblume (*Anthurium*) sowie Mitglieder der Ingwer-Familie.

Die Rankgitter zwischen den beiden Gartenbereichen dienen als Klettergerüst für die hübscheste aller sommerblühenden Schnittblumen, die Duft-Wicke. Zwar könnte man auch ohne weiteres einzelne Abschnitte des Rankgitters mit Varietäten einer einzigen Farbe bepflanzen,

rechts Die Königskerze bereichert die Kombination aus Schnittblumen und Gemüse in diesem dänischen Garten um ein vertikales Element. Die von jeher in großen, von Mauern eingefriedeten Küchengärten übliche Pflanzenmischung passt auch bestens in einen Cottage-Garten. Mithilfe eines Treibhauses können Sie außerdem frostempfindliche Blumen ziehen.

aber ich persönlich bevorzuge hier eine bunte Mischung sämtlicher Blütenfarben. Das Rankgitter eröffnet natürlich auch Durchblicke in den Schnittblumengarten, die Sie jederzeit erweitern können, indem Sie Fenster beliebiger Größe ausschneiden.

Der Weg in den Schnittblumengarten führt durch einen offenen Bogen, der ebenso gut mit einem Tor verschlossen sein könnte. Seine aus grobem Stein gemauerten Wände sind weiß getüncht, um Licht und Wärme in den Garten zu reflektieren. An der Mauer hochgezogene Kletterpflanzen oder Sträucher würden das Spektrum an Schnittblumen zusätzlich erweitern. Der Grundriss der Beete soll zum einen möglichst attraktiv wirken und zum anderen eine große Zahl mit Ziegelsteinen umrandeter Beete ergeben. Vom praktischen Gesichtspunkt her ist es wichtig, ungehinderten Zugang zum Schnittblumengarten zu haben: Die Pflanzen sollten in Reihen stehen, sodass das Wegenetz leicht

begehbar ist. Im vorliegenden Fall sind die Wege mit Splitt bestreut und die Beete mit demselben Ziegelstein eingefasst, mit dem auch die Sitzfläche gepflastert ist. Ebenso gut könnte man aber auch einen anderen Belag aus Steinplatten, Ziegelstein, Pflaster, Rindenmulch, Kies oder Splitt verwenden und die Beete mit niedrigem Wei dengeflecht oder einem Metallstreifen einfassen oder mit Holz oder Ziegelsteinen erhöhen.

Um den Grundriss des Schnittblumengartens deutlicher herauszuarbeiten, sind die vier dreieckigen Beete an den Ecken mit Rankgittern eingefriedet, die ebenfalls von Wicken überwuchert werden. Die Beete sind farblich so aufeinander abgestimmt, dass die Mischung aus Blüten in warmen und kalten Farben möglichst gut zur Geltung kommt. Jedes der äußeren Beete enthält eine einzige, in Reihen gepflanzte Art, und zusammen bilden diese Beete einen Kreis aus unterschiedlichen Farben. In den inneren Beeten gehen die Reihen der Blumen strahlenförmig vom zentralen Wasserbecken aus, das in Größe und Form identisch ist mit den beiden näher am Haus befindlichen Springbrunnen und somit eine Verbindung zwischen den beiden Bereichen herstellt. Um im Rahmen eines interessanten, farbenfrohen Gesamtbilds möglichst viele verschiedene Arten von Blumen zu bekommen, enthalten diese Beete bis zu drei Varietäten einer einzigen Art.

gegenüber Dieses fröhliche Durcheinander von Dahlien, Lilien und sogar Wilden Möhren – ein perfektes Beispiel für die Bepflanzung eines traditionellen Cottage-Gartens – lässt sich auch ins Haus holen, wo sie sich in einer Vase kaum weniger gut macht als im Beet.

links Bei der Planung eines Schnittblumengartens sollten Sie Form und Farbe der Blumen ebenso sorgfältig wählen wie die Möbel, die Teppiche oder die Wandfarbe der Räume, die diese Blumen einmal schmücken sollen.

unten links Größere Blöcke von Blüten in schnurgeraden Reihen wirken vielleicht nicht so romantisch wie die ungekünstelte Zusammenstellung gegenüber, sind dafür aber leichter abzuernten. Interessanter lassen sich solche Beete durch unterschiedliche Höhen gestalten, wie es hier die Abstufung von den Wicken über den Sonnenhut bis hin zu den gemischten Clarkien zeigt, sowie durch kräftige Kontraste in den Blütenfarben.

unten Blätter können einen entscheidenden Beitrag zum Gelingen einer Kombination leisten. Eine Blattpflanze wie dieser zweifarbige Neuseeländer Flachs erzielt sowohl im Beet, wo er gut mit dem Blumenrohr harmoniert, als auch später in der Vase seine Wirkung.

rechts Die Reinheit von Form und Farbe, die die Sonnenblume auszeichnet, hat Gärtner und Maler schon immer fasziniert. Ihr nach oben gewandter Kopf hat etwas so Optimistisches und Aufregendes an sich, als wolle er »Der Sommer ist da!« rufen. Versuchen Sie es einmal mit einem gemischten Beet, in dem die hier abgebildete Sorte inmitten von roten, weißen und orangefarbenen Verwandten steht!

Auf den ersten Blick mag es logisch erscheinen, einen Schnittblumengarten in genau zwölf Beete einzuteilen, um für jeden Monat des Jahres ein eigenes zu haben. Dieser Ansatz funktioniert auch, sofern Sie genügend Platz haben, um den Schnittblumenteil in irgendeinem versteckten Winkel des Gartens unterzubringen. Soll er aber voll im Blickpunkt stehen, müssen auch die ästhetischen Aspekte der Pflanzung berücksichtigt werden, und da führen Monatsbeete nun einmal zu einem jahreszeitlich sehr ungleichmäßigen Bild, weil immer nur kleine Gruppen von Pflanzen in Blüte stehen.

Die Hauptsaison für Schnittblumengärten liegt zwischen Frühsommer und Frühherbst, und der hier vorgestellte Plan zeigt einen Garten, der speziell auf die Ernte im Sommer ausgelegt ist und darauf abzielt, aus einer begrenzten Zahl von Sorten eine hohe Anzahl unterschiedlich gefärbter Blüten zu erhalten. Die Zahl der Sorten ist bewusst niedrig gehalten, um die optische Wirkung des Gartens selbst zu erhöhen, während die Bandbreite an Blütenfarben und -formen vielseitige Arrangements im Haus ermöglicht. Um eine größere Vielfalt an Blumen zu erhalten, müssen Sie nur die Anzahl von Arten erhöhen, und um die Erntesaison zu verlängern, wählen Sie Pflanzen aus, die dann blühen, wenn Sie Blumen schneiden wollen.

Das Frühjahr ist die Zeit der Zwiebelblumen. Doch meist lassen sich aus ihnen – Narzissen ausgenommen – keine besonders schönen Sträuße zusammenstellen; als Topfpflanzen hingegen können sie sich recht gut machen. Ziehen Sie Herbst-, Winter- und Frühlingszwiebeln in Töpfen draußen vor, um sie dann ins Haus zu holen.

Pflanzen für einen Schnittblumengarten

1 Paradiesvogelblume (*Strelitzia reginae*)
2 Himalaja-Schmetterlingsingwer (*Hedychium gardnerianum*)
3 Glyzine (*Wisteria sinensis*)
4 Glyzine (*W. s.* 'Alba')
5 Duft-Wicke (*Lathyrus odoratus*, gemischt)
6 Rose (*Rosa* 'Zéphirine Drouhin')
7 Schleierkraut (*Gypsophila paniculata* 'Bristol Fairy')
8 Rose (*Rosa* 'Margaret Merril')
9 Schleierkraut (*Gypsophila paniculata* 'Flamingo')
10 Rittersporn (*Delphinium* Belladonna-Gruppe 'Cliveden Beauty')
11 Dahlie (*Dahlia* 'Bishop of Llandaff')
12 Gladiole (*Gladiolus* 'Victor Borge')
13 Sonnenhut (*Rudbeckia laciniata* 'Hortensia')
14 Schwertlilie (*Iris sanguinea*)
15 Schwertlilie (*I. sibirica*)
16 Schwertlilie (*I. orientalis*)
17 Freesie (*Freesia*, gemischt)
18 Inkalilie (*Alstroemeria*, gemischt)
19 Dahlie (*Dahlia* 'White Moonlight')
20 Dahlie (*D.* 'Hamari Accord')
21 Dahlie (*D.* 'Hamari Gold')
22 Pfingstrose (*Paeonia lactiflora* 'Sarah Bernhardt')
23 Pfingstrose (*P. l.* 'Duchesse de Nemours')
24 Pfingstrose (*P. l.* 'Laura Dessert')
25 Montbretie (*Crocosmia* x *crocosmiiflora* 'Golden Glory')
26 Montbretie (*C.* 'Lucifer')
27 Montbretie (*C.* x *c.* 'Emily McKenzie'
28 Oster-Lilie (*Lilium longiflorum*)
29 Königslilie (*Lilium regale*)
30 Lilie (*Lilium* 'Star Gazer')
31 Kalla (*Zantedeschia aethiopica* 'Crowborough')
32 Goldene Kalla (*Z. elliottiana*)
33 Riesen-Lauch (*Allium giganteum*)
34 Roter Scheinsonnenhut (*Echinacea purpurea* 'White Swan')
35 Steppenkerze (*Eremurus robustus*)
36 Sonnenblume (*Helianthus* x *multiflorus*)
37 Teerose (*Rosa* 'Troika')
38 Rose (*R.* 'Indigo')

oben Die massige Schlichtheit der riesigen Bananenblätter bildet einen unkomplizierten Hintergrund für die hübschen Dahlien, während die silbrig grünen, gezackten Blätter des Honigstrauchs (*Melianthus major*) Leben ins Bild bringen. Ebenso wie im Beet sollte man auch bei einem Blumenarrangement die Grundregeln künstlerischer Gestaltung beachten.

links Selbst in der kleinsten Ecke können noch ein paar Blumen fürs Haus gezogen werden. In dieser Zusammenstellung hebt sich die leuchtend orangefarbene Lilie gut vom Blau der Jungfer im Grünen und dem Blauviolett des Lavendels ab. Die unterschiedlichen Blattformen verschmelzen zu einem herrlichen Gesamtbild.

5
5
6
7
8
11
12
9
17
18
10
16
19
13
15
20
14
21
22
32
23
33
24
31
36
25
30
26
29
9
27
28
7
37
38
35
34
5
5

Rund ums Jahr

Ein Cottage-Garten, der das ganze Jahr über gut aussehen soll, braucht neben Struktur auch Pflanzen, die zu allen Jahreszeiten gefallen und dekorativ sind. Die übrigen Sommerblumen, Stauden und Sträucher setzen zu bestimmten Zeiten Glanzlichter und geben dem Garten immer wieder ein anderes Gesicht.

gegenüber Ein Garten für das ganze Jahr kann einer sein, der in seiner Gesamtheit das ganze Jahr über gut aussieht – was schwierig, aber nicht unmöglich ist, oder aber einer, in dem verschiedene Bereiche zu verschiedenen Zeiten ihren Höhepunkt erreichen, wie dieses Heidekrautbeet an einem sonnigen Wintermorgen.

oben rechts Mit Frühlingszwiebeln können Sie zu Beginn der Vegetationsperiode nichts falsch machen. Sie können in Töpfen gezogen oder in Beete gesetzt werden wie hier, wo sich Krokusse und Primeln begegnen.

unten rechts Hier sehen wir den Storchschnabel (*Geranium sanguineum*) zu Füßen seines »falschen« Verwandten, der fälschlich auch »Geranie« genannten Pelargonie (*Pelargonium*) vor der Astilbe und flankiert von Schwertlilien und Primeln.

Es ist schlicht unmöglich, einen Garten anzulegen, der zwölf Monate im Jahr in voller Blüte steht. Sehr wohl machbar ist dagegen ein Garten, der zu jeder Jahreszeit ein ansprechendes Bild abgibt. Eine der Möglichkeiten besteht in gezielten Erdarbeiten, wie sie – in einer der einfachsten Varianten – etwa beim Anlegen einer wellenförmigen Rasenfläche vorgenommen werden. Der auf Seite 127 vorgestellte Plan aber zielt auf einen weitaus dramatischeren Effekt ab, der durch die Anlage von Terrassen entsteht. Besonders augenfällig werden diese Terrassen dadurch, dass sie nicht vom Haus aus abfallen, sondern am hinteren Ende des Gartens ansteigen. Auf Bodenhöhe liegt im Übergangsbereich zwischen zwei verschiedenen Pflasterungen ein Knotengarten. Um Abwechslung zu schaffen und eine große Fläche aus ein und demselben Material zu vermeiden, werden flache Kieselsteine und Sandstein verwendet. Der Knotengarten selbst geht auf ein Muster aus dem 17. Jahrhundert zurück, das aus einem der ersten Gartenbücher überhaupt stammt.

Dieses Muster ist relativ komplex, aber Sie können auch einfachere Muster aus Büchern über die Geschichte der Gärtnerei oder aus dem Internet übernehmen oder sich für ein keltisches Muster entscheiden. Gebildet wird

oben Der Weg zum Eingang dieses mit Holz verkleideten Hauses in der Normandie wirkt das ganze Jahr über einladend, weil die festen Materialien – die Bodenplatten, die Ziegelsteineinfassung des Beets, die Rankgitter und die Holzkonstruktion des Vorbaus – Struktur geben und dabei nicht nur zu bestimmten Jahreszeiten von Stauden unterstützt werden, sondern ganzjährig von Sträuchern wie Portugiesischer Lorbeerkirsche (*Prunus lusitanica*), Spindelstrauch (*Euonymus fortunei* 'Silver Queen') und Feuerdorn (*Pyracantha*).

rechts Ganzjährig Struktur verleihen diesem Garten in Devon die exakt geschnittene Hecke sowie der Fächerahorn (*Acer palmatum* var. *dissectum*) mit seinem attraktiven Laub. Zusammen mit dem Pagoden-Hartriegel (*Cornus controversa* 'Variegata') bereichert er die Szene im Herbst mit Farbe und im Winter mit der Struktur des Astgerüsts.

das Muster durch niedrigwüchsigen Buchs. Die offenen Flächen innerhalb des Knotengartens sind mit drei verschiedenen Oberflächenmaterialien – rotem Ziegelbruch, weißem Kalksteinschotter und zerkleinerter Kohle – ausgestreut, was zum einen pflegeleicht ist und zum anderen dem Beet das ganze Jahr über Struktur gibt. Um Abwechslung zu schaffen, können Sie die Lücken auch je nach Jahreszeit mit passenden Beetpflanzen füllen oder mithilfe sorgfältig ausgesuchter Zwiebeln dafür sorgen, dass sich das Bild des Knotengartens im Lauf der Monate ändert. Ebenso wie das Flechtwerk bereichern die »Pfosten« aus Buchs sowie die in Töpfe gepflanzten Korkenzieherhasel und Weiden der Sorte *Salix babylonica* var. *pekinensis* 'Tortuosa' den Garten um lebende Strukturen.

Eingefasst ist der Knotengarten von rotem Ziegelbruch und einem Wassergraben, der mit dem größten von sieben Becken verbunden ist, die am Ende dieser horizontalen Fläche die Blicke auf sich ziehen. Interessanter wirkt das Becken dadurch, dass es halb in die niedrigste Stützmauer eingelassen ist. Auf der ersten Terrasse thront die Statue einer altertümlichen Wassergottheit über dem Becken.

Das Becken wird von zwei Wasserfällen gespeist, von denen jeder aus jeweils einem Becken pro Terrasse besteht. In jedem dieser insgesamt sechs Becken befindet sich ein pilzförmiger Springbrunnen, der bei Nacht beleuchtet werden kann, und von jedem Becken fließt das Wasser über eine Glasfläche in das nächst niedrigere. Die Terrassen werden von senkrechten, mit Pflanzen bedeckten Trockenmauern gestützt. Die oberste ist von drei Paaren von Sträuchern gekrönt, die wegen ihrer Struktur und weil sie immergrün sind ausgewählt wurden. Weitere Sträucher, die das ganze Jahr über gut aussehen, wären Mahonie (*Mahonia*), Zimmeraralie (*Fatsia japonica*), Stechpalme (*Ilex*), *Garrya elliptica*, Klebsame (*Pittosporum*) und Keulenlilie (*Cordyline*). Die Sträucher und die großen Glassteine (oder auch Natursteine, falls Sie ein natürlicheres Aussehen bevorzugen) stehen in weichem, dunkelgrünem Moos. An Standorten, die für Moos zu trocken sind, kämen als Bodendecker auch die Dreifarbige Himbeere (*Rubus tricolor*), Efeu (*Hedera*) oder der Kriechende Günsel (*Ajuga reptans* 'Atropurpurea') infrage.

Auffälligstes Merkmal der mittleren Terrasse ist der große, in die Form eines Regenschirms zugeschnittene Fächerahorn (*Acer palmatum*), der bis über die Stützwand hinter der Statue reicht. Der Ahorn hat im Frühjahr, Sommer und Herbst durch sein in Form und Färbung attraktives Laub immer etwas zu bieten und besticht selbst in kahlem Zustand noch durch seine Silhouette. Er eignet sich auch in idealer Weise dafür, nachts angestrahlt zu werden. Der Boden ist hier mit Ziegelbruch bedeckt, wie er bereits im Knotengarten Verwendung fand, und wird nacheinander von verschiedenen Zwiebelpflanzen durchstoßen. Falls Sie statt einer bunten Mischung ein formaleres Erscheinungsbild bevorzugen, können Sie sich auf eine Pflanzenart pro Jahreszeit beschränken.

Das Thema auf der unteren Terrasse lautet »hell und dunkel«. Eine Reihe von Einzelexemplaren des Neuseeländer Flachs erhebt sich aus einem Teppich aus silbrig

rechts Ein Steingarten oder eine Trockenmauer ist eine äußerst attraktive Möglichkeit, Unterschiede im Niveau auszugleichen. Außerdem lassen sich in ihm Steingartenpflanzen unterbringen – eine ganze Gruppe von Pflanzen, die mit ihren Formen und Farben das ganze Jahr über eine Bereicherung für jeden Garten sind. In dieser Szene wird die sommerliche Pracht vom Sonnenröschen (*Helianthemum*) dominiert.

blauem Blauschwingel, der umgeben ist vom Schwarz des Schlangenbarts. Die helle Fläche um die Statue besteht aus einem niedrigen, langsam wachsenden, zweifarbigen Bambus. Ziergräser eignen sich ganz besonders gut dazu, einem Garten bei minimalem Pflegeaufwand das ganze Jahr über Farbe zu geben. Für einen strukturierenden Hintergrund eignet sich kaum etwas besser als Bambusarten wie *Phyllostachys*.

Wollen Sie eine traditionellere Cottage-Garten-Atmosphäre erzeugen, können Sie es auch mit einer gemischten Pflanzung aus Sträuchern versuchen, ergänzt durch immergrüne Bodendecker, durch die Zwiebelpflanzen und Stauden wachsen. Um die Wirkung einer solchen gemischten Pflanzung zu verstärken, sollten Sie sie gleich in etwas größerem Maßstab anlegen.

Ebenfalls das ganze Jahr über ansehnlich wäre ein Kiesgarten, der nach einem ähnlichen Plan angelegt ist wie der Trockengarten auf Seite 141. Dieser könnte entweder ganz zwanglos oder auf formalere Weise mit Hochbeeten ausgeführt sein, die mit verschiedenen Schüttmaterialien bedeckt sind. Zur Ausschmückung können Sie unterschiedlich große Felsbrocken und Steine, ein oder zwei Wasserbecken und eine Hand voll immergrüner Bäume oder Büsche nehmen und mit Stauden und je nach Jahreszeit mit unterschiedlichen Zwiebelpflanzen ergänzen. Bei einer solchen Pflanzung hält sich auch der Pflegeaufwand in Grenzen.

oben In warmen Klimazonen ohne ausgeprägten jahreszeitlichen Wechsel ist die Auswahl an nicht winterharten Pflanzen, die das ganze Jahr über Form und Struktur geben, ebenso groß wie exotisch. In diesem australischen Garten treten die herrlichen Formen und Farben des Laubs der Sukkulenten vor dem schlichten Hintergrund besonders gut hervor.

links In diesem tasmanischen Garten geht der interessante Grundriss mit den Skulpturen aus Buchs und dem kontrastierenden Laub der Bäume, Sträucher und Stauden wie Wollziest (*Stachys byzantina*), Frauenmantel (*Alchemilla mollis*) und Spindelstrauch (*Euonymus fortunei* 'Silver Queen') eine sehenswerte Verbindung ein.

rechts Diese tropische Pracht findet sich überraschenderweise in New Jersey, wo das Klima von Natur aus nicht winterharten Arten eigentlich gar nicht überleben lässt. Die Pflanzen werden für den Sommer ins Freie gebracht, wo sie zeigen, wie sich mit ein wenig Arbeit ungewöhnliche Effekte erzielen lassen.

Pflanzen für einen Garten rund ums Jahr

1 Jungfernrebe (*Parthenocissus tricuspidata*)
2 Hanfpalme (*Trachycarpus fortunei*)
3 Neuseeländer Flachs (*Phormium* 'Dazzler')
4 Australischer Taschenfarn (*Dicksonia antarctica*)
5 Fächerahorn (*Acer palmatum* var. *dissectum*)
6 Feuerdorn (*Pyracantha* 'Orange Glow')
7 Efeu (*Hedera helix* 'Oro di Bogliasco')
8 *Pleioblastus variegatus*
9 Schlangenbart (*Ophiopogon planiscapus* 'Nigrescens')
10 Blauschwingel (*Festuca glauca*)
11 Neuseeländer Flachs (*Phormium* 'Bronze Baby')
12 Trauer-Weide (*Salix babylonica* var. *pekinensis* 'Tortuosa')
13 Korkenzieherhasel (*Corylus avellana* 'Contorta')
14 Buchs (*Buxus sempervirens* 'Suffruticosa')

Pflanzschema A

Sternkugel-Lauch (*Allium christophii*)
Gelber Lauch (*Allium flavum*)
Inkalilie (*Alstroemeria-ligtu*-Hybriden, gemischt)
Montbretie (*Crocosmia* x *crocosmiiflora* 'Jackanapes')
Freesie (*Freesia*, gemischt)
Oster-Lilie (*Lilium longiflorum*)
Königslilie (*Lilium regale*)
Prachtlilie (*Nomocharis pardanthina*)

Pflegeleicht

»Pflegeleicht« bedeutet auf keinen Fall, dass ein Garten überhaupt keine Arbeit macht. Ein solcher Garten wäre ein Widerspruch in sich – sofern Sie keinen »Garten« aus Asphalt mit Plastikblumen möchten.

oben Einer der Vorteile einer natürlicheren Gartengestaltung unter Berücksichtigung der heimischen Fauna und Flora besteht darin, dass ein solcher Garten nicht nur gut aussieht, sondern auch ökologisch sinnvoll ist und zudem auf lange Sicht weniger Arbeit macht.

Leuten, die einen pflegeleichten Garten wollen, rate ich zuallererst, ihren Rasen abzuschaffen. Riesige Grasflächen sind nicht nur Zeit-, sondern auch Geldverschwendung. Überschlagen Sie die Stunden, die Sie pro Woche aufs Mähen verwenden, multiplizieren Sie diese mit der Zahl der Wochen pro Vegetationszeit, und schlagen Sie dann noch die Zeit darauf, die Sie mit Vertikutieren, Lüften, Jäten und Gießen verbringen. So kommen Sie auf eine erstaunlich hohe Zahl an Arbeitsstunden.

Der einzig wahre Weg zu einem pflegeleichten Garten besteht darin, einen beträchtlichen Teil der zur Verfügung stehenden Fläche mit einem harten Bodenbelag zu versehen und die dann noch vorhandenen Lücken mit Pflanzen auszufüllen, die ohne fremde Hilfe gedeihen und so dicht wachsen, dass sie Unkraut unterdrücken. Auch der formale Garten (Seite 65) und der Trockengarten (Seite 141) in diesem Buch dürfen in diesem Sinne als »pflegeleicht« gelten, und ich hoffe zeigen zu können, dass der Einsatz von reichlich Bodenbelag sowohl für einen formalen als auch für einen nicht formalen Stil infrage kommt. Im vorliegenden Fall (Seite 135) jedoch möchte ich vor allem beweisen, dass man einen pflegeleichten Garten auch schaffen kann, indem man sich an das Prinzip des Cottage-Gartens hält, eine Vielzahl unterschiedlicher Zierpflanzen einzusetzen; nur Obst und Gemüse habe ich weggelassen, um den Arbeitsaufwand in Grenzen zu halten.

Der Grundriss des Gartens ist sehr einfach: Drei unterschiedlich große Kreise sind durch einen Weg aus verwitterten, im Fischgrätenmuster verlegten Ziegelsteinen verbunden. In einem pflegeleichten Garten können alle festen Materialien zum Auslegen von Wegen verwendet werden, also Pflastersteine, Platten, Fliesen, Ziegel oder gefärbter Beton. Vermeiden Sie hingegen lockere Materialien, weil diese nicht an Ort und Stelle bleiben, das Wachstum von Unkraut fördern und regelmäßig gerecht werden müssen, wenn sie auch auf Dauer ordentlich aussehen sollen. Lockere Materialien sind jedoch sehr wohl als effektive Mulchschicht einsetzbar, wenn man sie über eine halb durchlässige Membran schüttet wie im Trockengarten oder wie hier im ersten und zweiten Kreis, wo Schieferbruch als ebenso dekorative wie wartungsfreie Oberfläche eingesetzt wird. In beiden Beispielen ist der Schiefer über ein Drahtnetz geschüttet, das über einem Reservoir liegt. Aus diesem Wasserreservoir dringen wie von Zauberhand kleine Fontänen aus dem Schieferbruch, die auf ebenso mysteriöse Weise wieder verschwinden.

Die Granitblöcke dienen als zusätzliche natürliche Dekoration, und die größeren von ihnen können auch als Sitzgelegenheiten genutzt werden. Ebenso gut könnte aber auch jedes andere Objekt, ob natürlich oder von Menschen gemacht, als pflegeleichter Blickfang dienen: ein Stück Treibholz, eine Statue, eine Sonnenuhr oder was auch immer Ihnen gerade in den Sinn kommt. Und wenn Sie die Granitblöcke durch Tuffstein ersetzen und den angrenzenden Mutterboden durch ein Gemisch aus je einem Drittel sterilisiertem Humus, scharfem Sand und

rechts Eine der einfachsten Möglichkeiten, den Aufwand fürs Jäten zu minimieren, bietet eine Bepflanzung, die auch nicht die kleinste Lücke lässt und damit den allergrößten Teil der Unkräuter unterdrückt. In diesem Beispiel aus Connecticut mischt sich Strandroggen (*Leymus arenarius*) mit Fetthenne, Verbene (*Verbena bonariensis*), Blumenrohr (*Canna*) und anderen Blumen.

Drei meisterhaft gelungene Beispiele für Gärten, die schön sind und trotzdem wenig Arbeit machen:

links Beth Chattos Trockengarten ist voll von Pflanzen, die so gut wie keine Pflege brauchen. Die vielfältige Kombination setzt sich aus Sträuchern, Kräutern, Zwiebelpflanzen, Stauden und Gräsern wie Brandkraut, Wolfsmilchgewächsen, Lauch, Spierstrauch, Geißklee u.a. zusammen, die alle ihre ganz eigene Form haben, einander aber dennoch bestens ergänzen.

unten Piet Oudolfs Garten in Holland stützt sich mehr auf große Gruppen von Stauden mit vereinzelten Gräsern und Zwiebelpflanzen dazwischen, die zugleich miteinander harmonieren und kontrastieren. Das Ergebnis ist ebenso abwechslungsreich wie bemerkenswert.

Torfersatz, erhalten Sie den idealen Untergrund für Steingartenpflanzen. Einige dieser Pflanzen sind recht anspruchsvoll, während andere wie *Rhodohypoxis*, Steinbrech (*Saxifraga*), Mannsschild (*Androsace*), Felsenblümchen (*Draba*), Alpenveilchen (*Cyclamen*), Sonnenröschen (*Helianthemum*), Zwergiris (*Iris*), Narzisse (*Narcissus*) und Nelke (*Dianthus*) so gut wie keine Pflege erfordern. Nach dem Pflanzen sollten Sie das Steingartenbeet mit einer Mulchschicht aus grobem Kies bedecken und den Tuffstein bei Trockenheit gelegentlich wässern. Platzieren Sie aber Tuffstein- oder Steingartenbeete nie unter einem Baum, da Alpenpflanzen kein Tropfwasser mögen, und gönnen sie ihnen einen sonnigen, möglichst nach Süden ausgerichteten Standort. Der dritte Kreis in unserem Plan ist als Sitzplatz gedacht.

Ziel dieses Gartens ist es, größtmögliche Schönheit mit kleinstmöglichem Aufwand zu erzielen. Der schlichte harte Bodenbelag dient dabei als praktischer Vordergrund

oben Der Staudengarten der Lady Farm in Somerset, der besonders im Spätsommer zu überzeugen weiß, sieht von den drei hier vorgestellten Beispielen am natürlichsten aus. Seine ganz eigene Wirkung erzielt er durch kleinere, regelmäßig wiederholte Büschel relativ weniger Arten, unter denen auch Einjährige sind. Mädchenauge (*Coreopsis*), Federgras (*Stipa gigantea*) und Königskerzen (*Verbascum*) erzeugen den weichen, goldgelben Grundton, von dem sich die rote Fackellilie (*Kniphofia*) und die blaue Edeldistel (*Eryngium*) absetzen.

rechts Auch ein pflegeleichter Garten kann schön, ja sogar aufregend sein. Das lang gezogene Beet mit Scheinsonnenhut (*Echinacea purpurea*) gibt dieser dicht bepflanzten Rabatte ihr einheitliches Gesicht, und der über sie hinausragende Sonnenhut (*Rudbeckia maxima*) gibt ihr zusätzliche Höhe und bereichert sie um einen kräftigen Farbkontrast. Die grünen Gräser dazwischen wirken beruhigend.

unten Neben der Wahl Unkraut unterdrückender Pflanzen wie Wolfsmilch (*Euphorbia*), die keine Arbeit machen, erfordert ein pflegeleichter Garten vor allem eine entsprechende Infrastruktur. Schaffen Sie als Erstes den Rasen ab!

für die Bepflanzung. Die angestrebte Wirkung ist die eines Staudengartens, in dem ein paar sorgsam platzierte Sträucher zusätzliche Akzente setzen. Diese Sträucher werden nach ihrem Wuchs ausgewählt sowie nach dem, was sie zu bestimmten Jahreszeiten zu bieten haben. Sie werden so im Garten verteilt, dass diejenigen, die vor allem im Winter und Frühjahr interessant sind, überwiegend in der Nähe des Hauses stehen, damit man ihren Anblick bei schlechtem Wetter auch von drinnen genießen kann. So kommen zum immergrünen, zweifarbigen Laub des Seidelbasts zu Frühlingsbeginn seine köstlich duftenden Blüten; die immergrüne Form der Mahonie treibt schon im Winter ihre leuchtend gelben Blüten; und der Koreanische Schneeball hat kräftig duftende, weißrosa Blüten im Frühjahr und herrliches Herbstlaub. Weitere schöne Sträucher sind Zaubernuss (*Hamamelis*), Zickzackstrauch (*Corokia cotoneaster*), Lavendel (*Lavandula*), die Hanfpalme (*Trachycarpus fortunei*), Spindelstrauch (*Euonymus fortunei*) sowie verschiedene Formen des Hartriegels (*Cornus alba*). Zur Verschönerung von Mauern eignen sich Rosmarinweide (*Itea ilicifolia*), Jungfernrebe (*Parthenocissus*), Efeu (*Hedera*) und Waldrebe (*Clematis*).

Das Konzept des Staudengartens wurde in Deutschland entwickelt (Seite 57). Dabei wird mithilfe großer, unregel-

oben Die eindrucksvolle Schwertlilie kontrastiert mit ihrer sehr intensiven Färbung mit den Pastelltönen, die dieses Beet dominieren, in dem unter anderem Lavendel, Lauch und Mohn vertreten sind. Die »weiche« Wirkung der Rabatte wird noch dadurch verstärkt, dass die vordersten Pflanzen, wie etwa die Bergenie, den Rand des Weges überwuchern dürfen.

mäßiger Gruppen von Stauden ein wie natürlich wirkendes Flickenmuster von Pflanzen unterschiedlicher Höhe, Form, Farbe und Struktur erzeugt.

Bei der Pflanzen-Kombination in diesem Plan habe ich auf einige meiner Lieblingsstauden zurückgegriffen, auch wenn mit Pflanzen aus der heimischen Flora eine natürlichere Wirkung zu erzielen wäre. Ziel dieses Gartens ist es, den Boden vollständig zu bedecken, um Unkraut zu unterdrücken und zugleich eine äußerst attraktive Pflanzenmischung zu schaffen. Um noch weniger Arbeit zu haben, sollten Sie auf den Rückschnitt der Stauden im Herbst verzichten und abwarten, bis sie absterben. Denn die Samenstände der Stauden und das braune Laub können sehr hübsch aussehen. Der einzige Nachteil ist, dass der Garten während des »Winterschlafs« der Stauden recht kahl wirkt. Dem können Sie entgegenwirken, indem Sie größere Gruppen von Zwiebelpflanzen setzen, die schon im Frühjahr vor den Stauden blühen. Zusätzlich können Sie Ziergräser pflanzen, die den Garten im Herbst mit ihren meist bunten Horsten bereichern.

Pflegeleichte Pflanzen

1 Silberginster (*Argyrocytisus battandieri*)

2 Neuseeländer Flachs (*Phormium* 'Dazzler')

3 Sterndolde (*Astrantia major* subsp. *involucrata*)

4 Wolfsmilch (*Euphorbia griffithii* 'Fireglow')

5 Schafgarbe (*Achillea* 'Moonshine')

6 Taglilie (*Hemerocallis* 'Joan Senior')

7 Steppenkerze (*Eremurus* x *isabellinus* Shelford-Hybride)

8 Tabak (*Nicotiana sylvestris*)

9 Funkie (*Hosta* Tardiana-Gruppe 'Halcyon')

10 Pyrenäendistel (*Eryngium bourgatii*)

11 Storchschnabel (*Geranium renardii*)

12 Schmucklilie (*Agapanthus* Headbourne-Hybride)

13 Zylinderputzer (*Callistemon citrinus* 'Splendens')

14 Fächerahorn (*Acer palmatum* 'Sango-kaku')

15 Kamelie (*Camellia* x *williamsii* 'Donation')

16 Passionsblume (*Passiflora caerulea*)

17 Frauenmantel (*Alchemilla mollis*)

18 Storchschnabel (*Geranium endressii*)

19 Kerzen-Palmlilie (*Yucca gloriosa*)

20 Storchschnabel (*Geranium* 'Johnson's Blue')

21 Geißblatt (*Lonicera* x *americana*)

22 Taschenfarn (*Dicksonia antarctica*)

23 Fackellilie (*Kniphofia* 'Royal Standard')

24 Fenchel (*Foeniculum vulgare*)

25 Fächerahorn (*Acer palmatum* Dissectum Atropurpureum-Gruppe)

26 Katzenminze (*Nepeta* x *faassenii*)

27 Brandkraut (*Phlomis fruticosa*)

28 Steppenkerze (*Eremurus* x *isabellinus* Shelford-Hybriden, blassrosa)

29 Mahonie (*Mahonia* x *media* 'Charity')

30 Schneeball (*Viburnum carlesii*)

31 Seidelbast (Daphne *odora* 'Aureomarginata')

32 Zistrose (*Cistus ladanifer*)

33 Steppenkerze (*Eremurus* x *isabellinus* Shelford-Hybriden, weiß)

Trockengarten

Mit dem Begriff Cottage-Garten verbinden wir ein feuchtes, gemäßigtes Klima mit genügend Sonne im Sommer und reichlich Regen im Winter. Doch ein Cottage-Garten lässt sich auch in trockenen Gegenden verwirklichen.

rechts Die raue Landschaft bei Palm Springs mit ihren runden Konturen bildet den perfekten Hintergrund für diese eindrucksvolle Sammlung Trockenheit liebender Pflanzen wie Palmen, Agaven (*Agave tequilana*) und Kakteen (*Pachycereus pringlei*) und Saguaro (*Carnegiea gigantea*), die mit zum dramatischen Hintergrund passen und gleichzeitig den Blick des Betrachters wieder in den Garten lenken.

unten In kleinem Maßstab kann ein Trockengarten voller Gegensätze sein. Hier in Phoenix gedeihen »normale« (und gut gewässerte) Pflanzen wie Schwertlilien und Ringelblumen, aber der Oberflächenbelag, die Beeteinfassung und die Zitrusbäume erzeugen den Eindruck von Trockenheit.

Für einen Trockengarten ist es wichtig, Pflanzen zu wählen, die Sonne mögen und auch unter recht trockenen Bedingungen gedeihen, sowie schattige Ecken zu schaffen, von denen aus die Menschen den Garten bewundern und nutzen können. Man muss aber nicht unbedingt in einem ariden Klima wohnen, um sich einen Trockengarten anlegen zu können; auch in einer feuchteren Klimazone lässt sich durchaus Vergleichbares erreichen.

Die goldene Regel für einen Trockengarten lautet »die richtige Pflanze am richtigen Ort«. Pflanzen, die in einem Trockengarten zum Einsatz kommen sollen, müssen sowohl mit geringen Wassergaben auskommen als auch das ortsübliche Klima vertragen. Diese Faustregel engt den Gärtner aber keineswegs dahingehend ein, dass er sich ausschließlich auf heimische Pflanzen beschränken müsste. Zwar sieht die heimische Flora immer am authentischsten aus, aber wer seinen Garten interessanter gestalten möchte, kann sehr wohl auch auf Pflanzen aus

anderen Weltgegenden zurückgreifen, in denen ein ähnliches Klima herrscht. Es ist immer wieder erstaunlich, wie gut zahlreiche trockenheitsverträgliche Pflanzen auch mit durchschnittlichen Niederschlagsmengen klarkommen und wie gut umgekehrt viele »normale« Pflanzen in trockenen Gegenden gedeihen.

Ein weiterer großer Vorteil eines Trockengartens besteht darin, dass er sehr wenig Arbeit macht. Sind sie erst einmal gepflanzt, müssen die Sträucher und Stauden in einem solchen Garten nur noch gelegentlich geschnitten werden, und abgesehen von der Aussaat der Einjährigen sind lediglich hin und wieder kleinere Aufräumungsarbeiten und ab und zu ein wenig Düngen erforderlich. Aber um so weit zu kommen, muss erst einmal das Wachstum von Unkraut unterdrückt werden, und das lässt sich am einfachsten dadurch erreichen, dass man die Pflanzen durch eine Art Mulchschicht aus Kies wachsen lässt. Diese verleiht dem Garten darüber hinaus ein arides Aussehen und schränkt die Verdunstung von Feuchtigkeit ein. Dabei ist »Kies« im weitesten Sinne zu verstehen als jede Art von hartem Material in der passenden Körnung; das kann Schotter ebenso gut sein wie Schieferbruch oder zerkleinerter Backstein, ganz nach Ihrem persönlichen Geschmack. Am natürlichsten wirkt immer Gestein aus der näheren Umgebung, und wer eine fremde Umgebung nachahmen möchte, erreicht dies am einfachsten, indem er sich den entsprechenden Oberflächenbelag beschafft. Durch die Mischung verschiedener Arten, Farben und Körnungen von Kiesel- oder Bruchstein lassen sich geradezu künstlerische Effekte erzielen. Außerdem kann man verschiedene Bereiche des Gartens mithilfe unterschiedlicher Bodenbeläge deutlich voneinander abgrenzen.

Es empfiehlt sich in jedem Fall, das lockere Material auf eine Folie aus Polypropylen oder Ähnlichem zu verteilen. Diese lässt das Regenwasser in den Boden eindringen, verhindert aber zugleich, dass Unkräuter sie durchstoßen und der Belag in den Mutterboden gedrückt wird. Möchten Sie jedoch Sommerblumen haben, müssen Sie schon auf die Membran und unter den Kies eine dünne Schicht Mutterboden aufbringen. Die Kiesschicht sollte da, wo die Einjährigen wachsen sollen, 1–2 Zentimeter betragen und ansonsten 5–7 Zentimeter. Damit sich die neuen Pflanzen gut entwickeln, sollten Sie etwas Kom-

gegenüber Trockenheit liebende Pflanzen lassen sich sehr effektiv als Kübelpflanzen einsetzen, um ein Beet oder eine Rabatte mit trockenheitsverträglichen Pflanzen zu ergänzen und an einem Ort mit »normalen« Niederschlägen oder Frost im Winter den Garten um eine zusätzliche Dimension zu bereichern. Hier werden die Tontöpfe mit kleinen Sukkulenten von dem von den Kanarischen Inseln stamenden *Aeonium arboreum* im Vordergrund dominiert.

oben links Trockenheit liebende Pflanzen und damit auch viele strukturierende Arten kommen oft am besten zur Geltung, wenn sie in ein Beet gepflanzt werden, das anschließend mit einer Schicht aus Kies, zerkleinerter Lava oder Feldsteinen abgedeckt wird.

Mitte links Die zarten, silbrigen Blätter der *Celmisia spedenii* bilden einen schönen Kontrast zu den leuchtend gelben Blüten der Kapuzinerkresse (*Tropaeolum polyphyllum*). Über der Schicht aus abgerundeten grauen Kieselsteinen kommen sie besonders gut zur Geltung.

unten links Eine Nahaufnahme des Dickblatts (*Crassula undulata*) und der Aloe (*Aloe mitriformis*) zeigt die ganze Schönheit Trockenheit liebender Pflanzen, was sie zu idealen Zimmerpflanzen macht, falls eine Überwinterung im Freien nicht infrage kommt.

post ins Beet einarbeiten, bevor Sie die Folie auslegen, und die Pflanzen mit einem wasserlöslichen Dünger gießen.

Der Gartenplan auf der gegenüberliegenden Seite zeigt einen natürlich wirkenden Garten mit künstlerischen Akzenten, der mit Pflanzen aus verschiedenen Ländern bestückt ist. Durch Bodenarbeiten vor dem Auslegen der Membran wurde eine »hügelige« Topographie erzeugt, um den Garten interessanter zu gestalten. Die verschiedenen Arten von Kies grenzen die einzelnen Flächen voneinander ab und erzeugen einen einheitlichen Gesamteindruck, weil sie den ganzen Garten bedecken.

Über hölzerne Stufen erreicht man vom Haus aus den tiefer liegenden Weg, der mit grauem Schieferbruch ausgelegt ist. Er windet sich durch ein »Tal« zu den Stufen, die zum hölzernen, seitlich verglasten Pavillon hinaufführen, von dem aus der gesamte Garten zu überblicken ist. Das Hochbeet neben dem Weg steigt sanft an und verstärkt durch seine Höhe den hohlwegartigen Charakter des Pfads. Dieser ist wie der Weg durch einen traditionellen Cottage-Garten mit Sommerblumen gesäumt, die sich auch die Hügel hinaufziehen. Um ein natürliches Aussehen zu erzielen, werden die Samen vor der Aussaat miteinander vermischt. Die höchsten Punkte der erhöhten Beete sind von einem massiven Felsen gekrönt, und zwei Königs-Proteen vergrößern die Höhenunterschiede noch mehr.

Die Bepflanzung auf Bodenhöhe besteht aus Exemplaren, die wegen ihrer Form, der Farbe ihrer Blüten und ihres ganzjährig strukturierenden Charakters ausgesucht wurden. In Gegenden mit Frostgefahr sollten aber die nicht winterharten Agaven und Proteen in Kübel gepflanzt, den Sommer über im Beet versenkt und frostfrei überwintert werden. Um eine möglichst natürliche Wirkung und eine größere Vielfalt zu erzielen, wurden in einer eigenen Schicht kleine Gruppen tiefer wurzelnder Zwiebeln und Stauden gepflanzt, und zwar so, dass sie wie zufällig verteilt wirken. Man kann den Boden auch dicht mit großen Flecken verschiedener niedrigwüchsiger Stauden bepflanzen, aus denen dann höhere Zwiebelpflanzen, Stauden oder Sträucher herauswachsen könnten.

Die schön geformten, verwitterten Steinbrocken bilden ein weiteres strukturierendes Element und dienen zugleich als Sitzgelegenheiten. In der trockenen Umgebung reichlich ungewöhnlich wirken die Wasserstrahlen, die scheinbar aus dem Nichts nach oben schießen, bevor sie wieder zwischen dem Kies versickern, um schließlich in einem Sammelbehälter aufgefangen zu werden. Die Pumpen können entweder einen Dauerstrahl erzeugen oder, von einem Computer gesteuert, willkürliche Spritzer. Eine Beleuchtung der Springbrunnen und der Solitärpflanzen erzeugt interessante Schatten, und Kerzen, die zwischen den Steinbrocken und Hügeln flackern, schaffen eine romantische Atmosphäre.

oben Wenn ein Trockengarten von einer Mulchschicht bedeckt ist oder in einer von Natur aus trockenen Gegend liegt, kann er im positiven Sinne sehr schlicht wirken. Um aber diesen Vorteil auf optimale Weise nutzen zu können, muss er mit Pflanzen bestückt sein, deren Form oder deren Blüten zu ihm passen, wie dies bei der Steppenkerze (*Eremurus*) und dem Riesenschleierkraut (*Crambe cordifolia*) der Fall ist.

links In einem Klima mit durchschnittlichen Niederschlägen ist ein Trockengarten immer zugleich auch ein pflegeleichter Garten. Nehmen Sie Pflanzen, die wenig Wasser brauchen, setzen Sie sie in ein Meer aus Kies – und schon haben Sie einen schönen Garten, der mit wenig Arbeit verbunden ist.

Pflanzen für einen Trockengarten

1 Flanellstrauch (*Fremontodendron* 'Pacific Sunset')
2 Eselsdistel (*Onopordum acanthium*)
3 Stockrose (*Alcea rosea*)
4 Wilde Artischocke (*Cynara cardunculus*)
5 Zickzackstrauch (*Corokia cotoneaster*)
6 Königs-Protee (*Protea cynaroides*)
7 Steppenkerze (*Eremurus stenophyllus*)
8 Kalifornischer Baummohn (*Romneya coulteri*)
9 Zylinderputzer (*Callistemon citrinus*)
10 Neuseeländer Flachs (*Phormium* 'Dazzler')
11 Agave (*Agave americana* 'Variegata')

Pflanzschema A

Sternkugel-Lauch (*Allium cristophii*)
Blauzungen-Lauch (*Allium karataviense*)
Herbst-Anemone (*Anemone hupehensis* fo. *alba*)
Anemone (*A. tomentosa*)
Montbretie (*Crocosmia* 'Lucifer')
Wolfsmilch (*Euphorbia griffithii* 'Fireglow')
Feuerlilie (*Lilium bulbiferum*)
Nerine (*Nerine bowdenii* var. *wellsii*)
Prachtlilie (*Nomocharis pardanthina*)

Pflanzschema B

Diascia (*Diascia cardiosepala*)
Garten-Mittagsblume (*Dorotheanthus bellidiformis*)
Eisvogel-Kapaster (*Felicia bergeriana* 'Cub Scout')
Kapaster (*F. elongata*)
Grielum humifusum
Sonnenfreund (*Heliophila coronopifolia*)
Sonnenfreund (*H. longifolia*)
Nemesie (*Nemesia barbata*)
Nemesie (*N. strumosa*, pinkfarbene und gelbe Formen)
Nemesie (*N. versicolor*)
Polycarena cephalophora
Immortelle (*Rhodanthe chlorocephala* subsp. *rosea*, pinkfarbene und weiße Formen)
Sternbalsam (*Zaluzianskya affinis*)

Pflanzen
für den Cottage-Garten

In der folgenden Auflistung sind die unterschiedlichsten für Cottage-Gärten geeigneten Pflanzen nach ihrem Wuchs eingeteilt. Kletterpflanzen werden unter den Sträuchern aufgeführt. Knollengewächse finden Sie unter »Zwiebelblumen«.

Zeichenerklärung

Frostempfindlichkeit

E sehr empfindlich – Schutz ab unter 4 °C

BF Bedingt frosthart – Verträgt Temperaturen bis 0 °C

F Frosthart – Verträgt Temperaturen bis –5 °C

VF Voll Frosthart – Verträgt Temperaturen bis –15 °C

Blütezeit

Fr Frühling

So Sommer

He Herbst

Wi Winter

Lichtbedarf

○ Sonne

◗ Halbschatten

Wildpflanzen

* Die mit einem Stern markierten Pflanzen werden in manchen Gegenden als Unkraut eingestuft.

Wasserbedarf

△ gering

◣ mittel

▲ hoch/Wasserpflanze

Pflanzengröße

Die Höhe und Breite der Pflanzen ist in cm, sofern nicht anderweitig angegeben.

↕ Höhe

↔ Breite

unb. Breite ist nicht bestimmbar (z.B. bei horstbildenden Pflanzen

Weitere Angaben

Anmerkungen wie »Wuchs« oder »Laub« weisen auf zusätzliche Qualitäten einer Pflanze neben ihren Blüten hin. Sind keine Blütenfarben angegeben, so sind die Blüten entweder unscheinbar oder nicht von Interesse.

Pflanzenkategorien

Stauden

***Achillea* 'Coronation Gold'** Schafgarbe
VF ↕ 100 ↔ 60 Goldgelb So ◗ △

***Achillea* 'Lachsschönheit'** Schafgarbe
VF ↕ 100 ↔ 60 Lachsrosa So–He ○ △

***Achillea* 'Moonshine'** Schafgarbe
VF ↕ 60 ↔ 50 Leuchtend gelb So ◗ △

***Agapanthus* 'Bressingham Blue'** Schmucklilie
F ↕ 80 ↔ 45 Blau So ○ △

Agapanthus inapertus* subsp. *intermedius Schmucklilie
E ↕ 140 ↔ 60 Blau So ○ △

***Agapanthus* 'Headbourne-Hybriden'** Schmucklilie
E ↕ 90 ↔ 50 Blau So ○ △

***Agapanthus* 'Lilliput'** Schmucklilie
F 80 ↔ 50 Blau So ○ △

Alchemilla mollis Frauenmantel
VF ↕ 50 ↔ 50 Blassgelb So ◗ △ Laub

Alstroemeria Inkalilie
BF ↕ 100 ↔ 60 Gelb/Rosa/Weiß So ○ △

***Alstroemeria-ligtu*-Hybriden** Inkalilie
BF ↕ 90 ↔ 60 Orange/Scharl./Pink So ○ △

Anagallis tenella Zarter Gauchheil
F ↕ 16 ↔ 15 Rosa-Pink So ○ ◣

Anaphalis margaritacea Silberimortelle
VF ↕ 75 ↔ 60 Weiß So ○ △

Anemone hupehensis Herbst-Anemone
VF ↕ 120 ↔ 45 Weiß He ◗ ◣

Anemone tomentosa Anemone
VF ↕ 100 ↔ 45 Rosa So-He ◗ ◣

***Anthemis tinctoria* 'E. C. Buxton'** Färberkamille
VF ↕ 100 ↔ 100 Zitronengelb So ○ △

Anthyllis vulneraria Wundklee
VF ↕ 50 ↔ 30 Gelb/Creme So ○ ◣

Artemisia lactiflora Beifuß
VF ↕ 150 ↔ 50 Weiß So ○ △

Aruncus dioicus Geißbart
VF ↕ 200 ↔ 120 Weiß So ○ △

***Astilbe x arendsii* 'Venus'** Astilbe
VF ↕ 10 ↔ 100 Pink So ◗ ◣

Astilbe chinensis* var. *pumila Astilbe
VF ↕ 30 ↔ 20 Himbeerrot So ◗ ◣

Astrantia major Sterndolde
VF ↕ 60 ↔ 45 Grünweiß So ○ △

Astrantia major* subsp. *involucrata Sterndolde
VF ↕ 60 ↔ 45 Pinkweiß So ○ △

***Astrantia major* 'Sunningdale Variegated'** Sterndolde
VF ↕ 60 ↔ 45 Tiefes Pink So ○ △

Bergenia cordifolia Bergenie
VF ↕ 45 ↔ 60 Helles Pink So ○ △

Caltha palustris Sumpfdotterblume
VF ↕ 60 ↔ 45 Leuchtend gelb Fr ○ ▲

Campanula latifolia* var. *alba Glockenblume
VF ↕ 120 ↔ 60 Weiß So ○ △

Campanula persicifolia* subsp. *sessiliflora
VF ↕ 100 ↔ 45 Blau So ○ △

Campanula trachelium Glockenblume
VF ↕ 75 ↔ 30 Blau So ○ △

Canna indica Blumenrohr
E ↕ 180 ↔ 60 Rot So ○ △

Canna indica Blumenrohr
E ↕ 180 ↔ 60 Orange So ○ △

Cardamine pratensis Wiesenschaumkraut
VF ↕ 60 ↔ 15 Lila So ○ ◣

Centaurea nigra Flockenblume
VF ↕ 100 ↔ 50 Purpur So ○ △

Centaurea scabiosa Flockenblume
VF ↕ 150 ↔ 60 Purpur So ○ △

Centaurea stoebe Flockenblume
VF ↕ 60 ↔ 30 Pink So ○ △

Centranthus ruber Spornblume
VF ↕ 90 ↔ 60 Rot-Pink So ○ △

Chelidonium majus Schöllkraut
VF ↕ 90 ↔ 30 Gelb Fr–So ○ △

Coreopsis lanceolata Mädchenauge
VF ↕ 45 ↔ 30 Leuchtend gelb So ○ △

Crambe maritima Meerkohl
VF ↕ 60 ↔ 60 Weiß So

Delphinium **(Belladonna-Gruppe) 'Cliveden Beauty'** Rittersporn
VF ↕ 120 ↔ 30 Himmelblau So

Delphinium **'Fenella'** Rittersporn
VF ↕ 120 ↔ 30 Himmelblau So

Delphinium **'Sungleam'** Rittersporn
VF ↕ 200 ↔ 30 Weiß So

Dianthus **'Alice'** Nelke
VF ↕ 45 ↔ 30 Weiß/Auge Pink So

Dianthus **'Brympton Red'** Nelke
VF ↕ 45 ↔ 30 Karmesinrot So

Dianthus caryophyllus Nelke
VF ↕ 75 ↔ 30 Pink So

Dianthus **'Dad's Favourite'** Nelke
VF ↕ 45 ↔ 30 Weiß So

Dianthus **'Emile Paré'** Nelke
VF ↕ 45 ↔ 30 Lachs-Pink So

Dianthus **'Fenbow Nutmeg Clove'** Nelke
VF ↕ 60 ↔ 30 Rot So

Dianthus **'Mrs Sinkins'** Nelke
VF ↕ 45 ↔ 30 Weiß So

Dianthus **'Musgrave's Pink'** Nelke
VF ↕ 45 ↔ 30 Weiß/Grün So

Dictamnus albus Diptam
VF ↕ 100 ↔ 60 Weiß So

Dictamnus albus **var.** *purpureus* Diptam
VF ↕ [illegible] ↔ 60 Pink So

Echinacea purpurea Scheinsonnenhut
VF ↕ 120 ↔ 50 Purpur-Pink So

Echinacea purpurea **'White Swan'**
VF ↕ 120 ↔ 50 Weiß So

Echinops ritro Kugeldistel
VF ↕ 120 ↔ 75 Blau So

Eremurus **x** *isabellinus* **Shelford-Hybriden** Steppenkerze
BF ↕ 150 ↔ 60 Blassgelb So

Eremurus **x** *isabellinus* **Shelford-Hybriden** Steppenkerze
BF ↕ 150 ↔ 60 Gelb So

Eremurus **x** *isabellinus* **Shelford-Hybriden** Steppenkerze
BF ↕ 150 ↔ 60 Blasses Pink So

Eremurus **x** *isabellinus* **Shelford-Hybriden** Steppenkerze
BF ↕ 150 ↔ 60 Weiß So

Eremurus robustus Steppenkerze
BF ↕ 220 ↔ 188 Pink So

Eremurus stenophyllus Steppenkerze
BF ↕ 150 ↔ 60 Gelb So

Eryngium bourgatii Pyrenäen-Distel
VF ↕ 60 ↔ 30 Lila-Blau So Wuchs

Eryngium giganteum Elfenbeindistel
VF ↕ 120 ↔ 75 Blau So Wuchs

Eryngium **x** *oliverianum* Edeldistel
VF ↕ 100 ↔ 60 Lavendel So Wuchs

Eupatorium cannabinum Wasserdost
VF ↕ 200 ↔ 60 Weiß/Rot/Mauve So–He

Euphorbia griffithii **'Fireglow'** Wolfsmilch
VF ↕ 100 ↔ 50 Orangerot So

Filipendula ulmaria Mädesüß
VF ↕ 30 ↔ 30 Weiß So

Fragaria vesca Walderdbeere
VF ↕ 35 ↔ 20 Weiß So

Galium verum Echtes Labkraut
VF ↕ 120 ↔ 60 Gelb So–He

Geranium cinereum Storchschnabel
VF ↕ 15 ↔ 30 Weiß/Blasses Pink So

Geranium dalmaticum Storchschnabel
VF ↕ 10 ↔ 20 Pink So

Geranium endressii Storchschnabel
VF ↕ 45 ↔ 60 Rosa-Pink So

Geranium farreri Storchschnabel
VF ↕ 10 ↔ 15 Mauve-Pink So

Geranium ibericum Storchschnabel
VF ↕ 60 ↔ 60 Blauviolett So

Geranium **'Johnson's Blue'** Storchschnabel
VF ↕ 30 ↔ 60 Lavendelblau So

Geranium procurrens Storchschnabel
VF ↕ 30 ↔ 60 Rosa-Purpur So

Geranium psilostemon Storchschnabel
VF ↕ 120 ↔ 120 Magenta So

Geranium pylzowianum Storchschnabel
VF ↕ 25 ↔ 25 Rosa-Pink Fr–So

Geranium renardii Kaukasus-Storchschnabel
VF ↕ 30 ↔ 30 Weiß Fr–So

Geranium sanguineum **var.** *striatum* Storchschnabel
VF ↕ 15 ↔ 30 Rosa So

Geum rivale Nelkenwurz
VF ↕ 60 ↔ 30 Aprikot Pink So

Gypsophila paniculata **'Bristol Fairy'** Schleierkraut
VF ↕ 75 ↔ 100 Weiß So Wuchs

Gypsophila paniculata **'Flamingo'** Schleierkraut
VF ↕ 75 ↔ 100 Pink So Wuchs

Hedychium coronarium
T ↕ 150 ↔ 100 Weiß So

Hedychium gardnerianum
T ↕ 200 ↔ 75 Zitronengelb So

Helianthus **x** *multiflorus* Sonnenblume
VF ↕ 150 ↔ 60 Gelb So

Hemerocallis **'Blushing Belle'** Taglilie
VF ↕ 70 ↔ 60 Rosa So

Hemerocallis citrina Taglilie
VF ↕ 75 ↔ 75 Zitronengelb So

Hemerocallis fulva **'Flore Pleno'** Taglilie
VF ↕ 100 ↔ 75 Braun Orange So

Hemerocallis **'Golden Chimes'** Taglilie
VF ↕ 75 ↔ 60 Goldgelb So

Hemerocallis **'Joan Senior'** Taglilie
VF ↕ 65 ↔ 100 Weiß So

Hemerocallis **'Luxury Lace'** Taglilie
VF ↕ 75 ↔ 60 Lavendel-Pink So

Hemerocallis **'Mauna Loa'** Taglilie
VF ↕ 55 ↔ 100 Mandarine-Orange So

Hemerocallis **'Millie Schlumpf'** Taglilie
VF ↕ 50 ↔ 60 Blasses Pink So

Hemerocallis **'Scarlet Orbit'** Taglilie
VF ↕ 50 ↔ 65 Scharlachrot So

Hemerocallis **'Siloam Virginia Henson'** Taglilie
VF ↕ 45 ↔ 65 Rosa-Pink So

Hesperis matronalis Nachtviole
VF ↕ 75 ↔ 60 Violett So

Hesperis matronalis* var. *albiflora Nachtviole
VF ↕ 75 ↔ 60 Weiß So

***Hosta* (Tardiana-Gruppe) 'Halcyon'** Funkie
VF ↕ 30 ↔ 100 Purpur So Laub

Hypochaeris radicata Ferkelkraut
VF ↕ 60 ↔ 25 Leuchtend gelb So

Iris foetidissima Schwertlilie
VF ↕ 100 ↔ unb. Gelb So

Iris orientalis Schwertlilie
VF ↕ 90 ↔ unb. Weiß Fr

Iris pallida* subsp. *pallida Schwertlilie
VF ↕ 90 ↔ unb. Lila-Blau Fr–So

Iris pseudacorus Schwertlilie
VF ↕ 200 ↔ unb. Goldgelb So–He

Knautia arvensis
VF ↕ 120 ↔ 45 Lila-Blau So

Knautia macedonica
VF ↕ 75 ↔ 60 Karmesinrot So

Kniphofia galpinii Fackellilie
F ↕ 100 ↔ 60 Orangegelb So

Kniphofia **'Royal Standard'** Fackellilie
F ↕ 20 ↔ 60 Gelb/Rot So

Lamium galeobdolon Goldnessel
VF ↕ 60 ↔ 20 Gelb So

Leucanthemum vulgare Margerite
VF ↕ 100 ↔ 15 Weiß So

Liatris spicata Prachtscharte
VF ↕ 60 ↔ 30 Rosa-Purpur So

Liatris spicata **'Alba'** Prachtscharte
VF ↕ 60 ↔ 30 Weiß So

Lobelia **'Queen Victoria'** Lobelie
VF ↕ 100 ↔ 30 Rot So

Lotus corniculatus Hornklee
VF ↕ 40 ↔ 10 Gelbrot So

Lupinus **Band-of-Nobles-Serie** Lupine
VF ↕ 150 ↔ 75 Gemischt So

Lupinus **'My Castle'** Lupine
VF ↕ 90 ↔ 75 Rosa-Pink So

Lupinus polyphyllus Staudenlupine
VF ↕ 150 ↔ 75 Blau-Purpurrot So

Lycopus europaeus Wolfstrapp
VF ↕ 120 ↔ 20 Weiß So

Lysimachia nummularia Pfennigkraut
VF ↕ 50 ↔ 5 Gelb So

Lythrum salicaria Blutweiderich
VF ↕ 20 ↔ 30 Pink-Purpurrot So

Malva moschata Moschusmalve
VF ↕ 100 ↔ 60 Rosa-Pink So

Mirabilis jalapa Wunderblume
BF ↕ 120 ↔ 75 Pink/Weiß So

Monarda **'Croftway Pink'** Indianernessel
VF ↕ 100 ↔ 45 Pink So

Nepeta sibirica **'Souvenir d'André Chaudron'** Katzenminze
VF ↕ 45 ↔ 45 Blau So

Nymphaea **'Gonnère'** Seerose
VF ↔ 100 Weiß So

****Nymphaea odorata*** Seerose
VF ↔ 300 Weiß So

Nymphaea odorata* var. *rosea Seerose
VF ↔ 300 Sattes Pink So

Nymphaea odorata 'Sulphurea Grandiflora' Seerose
VF ↔ 100 Gelb So

Ophiopogon planiscapus **'Nigrescens'** Schlangenbart
BF ↕ 23 ↔ 30 Lila So Laub

Osteospermum **'Buttermilk'**
E ↕ 60 ↔ 30 Blassgelb So

Osteospermum **'White Pim'**
F ↕ 30 ↔ 30 Weiß So

Paeonia lactiflora **'Duchesse de Nemours'** Staudenpfingstrose
VF ↕ 70 ↔ 70 Weiß Fr–So

Paeonia lactiflora **'Laura Dessert'** Staudenpfingstrose
VF ↕ 75 ↔ 75 Cremefarben Fr–So

Paeonia lactiflora **'Sarah Bernhardt'** Staudenpfingstrose
VF ↕ 100 ↔ 100 Rosa-Pink Fr–So

Paeonia officinalis **'Rubra plena'** Pfingstrose
VF ↕ 75 ↔ 75 Pink-Karmesin Fr–So

Penstemon **'Stapleford Gem'** Bartfaden
VF ↕ 60 ↔ 45 Lila-Purpur So–He

Phlox paniculata **'Balmoral'** Phlox
VF ↕ 120 ↔ 60 Rosa-Mauve So

Phlox paniculata **'Harlequin'** Phlox
VF ↕ 120 ↔ 40 Rot-Purpur So

Phormium **'Bronze Baby'** Neuseeländer Flachs
F ↕ 60 ↔ 60 Rötlich So Laub

Phormium **'Dazzler'** Neuseeländer Flachs
F ↕ 250 ↔ 100 Rötlich So Laub

Primula aureata Primel
F ↕ 15 ↔ 20 Cremefarben Fr

Primula burmanica Primel
VF ↕ 60 ↔ 20 Rot-Purpurrot So

Primula prolifera Primel
VF ↕ 60 ↔ 60 Gelb So

Primula pulverulenta Primel
VF ↕ 90 ↔ 60 Tiefrot So

Primula sikkimensis Primel
VF ↕ 90 ↔ 60 Zitronengelb So

Primula veris Schlüsselblume
VF ↕ 25 ↔ 25 Gelb Fr

Primula vialii Primel
F ↕ 60 ↔ 30 Blau-Purpurrot Fr

Primula vulgaris Primel
VF ↕ 20 ↔ 35 Zartgelb Fr

Pulicaria dysenterica Flohkraut
VF ↕ 75 ↔ 15 Gelb So–He

Ranunculus bulbosus Knolliger Hahnenfuß
VF ↕ 50 ↔ 50 Gelb Fr

Romneya coulteri
F ↕ 200 ↔ 200 Weiß So Laub

Rudbeckia fulgida* var. *speciosa Sonnenhut
VF ↕ 100 ↔ 60 Gelb So–He Wuchs

Rudbeckia laciniata **'Hortensia'** Sonnenhut
VF ↕ 220 ↔ 90 Gelb So–He

Ruta graveolens **'Jackman's Blue'** Wein-Raute
VF ↕ 90 ↔ 75 Grüngelb So

Salvia* x *superba Stauden-Salbei
VF ↕ 90 ↔ 60 Violett-Purpur So–He

Sanguisorba officinalis Großer Wiesenknopf
VF ↕ 100 ↔ 50 Schwarz-Purpur So–He

Scabiosa columbaria Skabiose
VF ↕ 60 ↔ 45 Rot-Purpurrot So

Sedum spectabile **'Brillant'** Fetthenne
VF ↕ 45 ↔ 45 Rot He

Silene chalcedonica Brennende Liebe
VF ↕ 120 ↔ 45 Scharlachrot So

Silene coronaria **'Alba'** Kronen-Lichtnelke
VF ↕ 60 ↔ 45 Weiß So

Silene flos-cuculi Kuckucks-Lichtnelke
VF ↕ 75 ↔ 15 Pink So

Silene flos-jovis Jupiter-Lichtnelke
VF ↕ 45 ↔ 45 Rosa-Pink So

Stachys byzantina Wollziest
VF ↕ 38 ↔ 60 Mauve-Pink Fr Laub

Stachys palustris Sumpf-Ziest
VF ↕ 100 ↔ 30 Purpurrot So

Strelitzia reginae Paradiesvogelblume
T ↕ 20 ↔ 75 Orange/Blau Fr

Succisa pratensis Teufelsabbiss
VF ↕ 100 ↔ 30 Indigo So–He

Teucrium scorodonia Salbei-Gamander
VF ↕ 100 ↔ 45 Gelb So

Trifolium pratense Wiesenklee
VF 60 · · 15 Rot-Pink So

Verbascum bombyciferum Königskerze
VF 200 · · 60 Gelb So

Verbena bonariensis Verbene
BF 120 · · 60 Purpurrot-Blau So

***Veronica spicata* 'Romiley Purple'**
Ähriger Ehrenpreis
VF 120 · · 60 Purpurrot So

Vicia cracca Vogelwicke
VF 180 · · 15 Indigo So

Vinca minor Immergrün
VF 45 · · 150 Leuchtend blau Fr–He

Vinca minor* fo. *alba Immergrün
VF 45 · · 150 Weiß Fr–He

Viola odorata Duftveilchen
VF 15 · · 15 Violett Fr

***Zantedeschia aethiopica* 'Crowborough'**
F 100 · · 45 Weiß So

Zantedeschia elliottiana
F 100 · · 60 Gelb So

Einjährige und Zweijährige

Alcea rosea Stockrose
VF 200 · · 60 Pfirsich/Pink So

Alcea rosea Stockrose
VF 200 · · 60 Schwefelgelb So

Alcea rosea Stockrose
VF 200 · · 60 Tiefrot So

Alcea rosea Stockrose
VF 200 · · 60 Blassgelb So

Alcea rosea Stockrose
VF 200 · · 60 Weiß So

****Anthemis arvensis*** Ackerkamille
VF 30 · · 20 Weiß So

Antirrhinum majus Gartenlöwenmaul
F 100 · · 45 Weiß/gemischt Fr–He

Antirrhinum majus Gartenlöwenmaul
F 100 · · 45 Gelb Fr–He

***Celosia argentea* (Olympia-Serie)**
Hahnenkamm
T 30 · · 45 Rot-gelb So

Centaurea cyanus Kornblume
VF 100 · · 30 Blau/Pink/Weiß So

***Cerinthe major* 'Purpurascens'**
Wachsblume
F 60 · · 60 Purpurrot So

Consolida ajacis Gartenrittersporn
VF 30 · · 30 Blau/Pink/Weiß So

***Consolida ajacis* Giant-Imperial-Serie**
Gartenrittersporn
VF 120 · · 30 Blau/Pink/Weiß So–He

Cosmos bipinnatus Kosmee
E 150 · · 45 Weiß/Gelb/Pink So–He

***Cosmos sulphureus* 'Polidor'** Kosmee
E 40 · · 20 Gelb So–He

Dianthus barbatus Bartnelke
VF 30 · · 20 Pink/Weiß Fr–He

Diascia cardiosepala
E 10 · · 5 Mauve-Pink So

Diascia namaquensis
E 15 · · 40 Lachsfarben-Pink So

Digitalis purpurea Roter Fingerhut
VF 150 · · 60 Purpurrot Fr–So

Digitalis purpurea* fo. *albiflora
Roter Fingerhut
VF 150 · · 60 Weiß Fr–So

Dimorphotheca pluvialis Kapkörbchen
BF 30 · · 15 Weiß So

Dipsacus fullonum Wilde Karde
VF 200 · · 80 Pink-Purpur So–He

****Dipsacus sativus*** Weberkarde
VF 200 · · 60 Blasslila So–He

Dorotheanthus bellidiformis
Mittagsblume
BF 15 · · 30 Pink-Orange So

***Felicia bergeriana* 'Cub Scout'**
T 15 · · 15 Blau So

Felicia elongata
T 80 · · 30 Weiß So

Grielum humifusum
E 15 · · 30 Leuchtend gelb So

Helianthus annuus Sonnenblume
VF 150 · · 60 Rot So

***Helianthus annuus* 'Eversun'**
Sonnenblume
VF 150 · · 60 Gelb So

Heliophila coronopifolia Sonnenfreund
E 40 · · 20 Blau-Purpurrot So

Heliophila longifolia Sonnenfreund
E 40 · · 20 Mauve-Pink So

Iberis amara Schleifenblume
F 30 · · 15 Weiß So

Limnanthes douglasii Sumpfblume
VF 15 · · 10 Gelb/Weiß So–He

***Limonium sinuatum* Forever-Serie**
Meerlavendel
T 45 · · 30 Gemischt So–He

Lobularia maritima Duftsteinrich
VF 15 · · 30 Weiß So–He

Lunaria annua Judassilberling
VF 75 · · 30 Purpurrot So

***Lupinus mutabilis* subsp. *cruckshanksii* 'Sunrise'** Lupine
VF ↕ 150 ↔ 75 Weiß/Purpur/Blau So

***Matthiola incana* Brompton-Gruppe** Levkoje
VF ↕ 45 ↔ 30 Gemischt So

***Matthiola incana* Cinderella-Serie** Levkoje
VF ↕ 25 ↔ 30 Gemischt So

***Matthiola incana* East-Lothian-Gruppe** Levkoje
VF ↕ 30 ↔ 30 Gemischt So

Matthiola longipetala* subsp. *bicornis Levkoje
VF ↕ 30 ↔ 10 Lila So

Myosotis sylvatica Wald-Vergissmeinnicht
VF ↕ 30 ↔ 45 Blau So

Nemesia cheiranthus
E ↕ 20 ↔ 5 Gelb/Weiß So

Nemesia strumosa
E ↕ 60 ↔ 7,5 Pink & Gelb So

Nemesia versicolor
E ↕ 50 ↔ 7,5 Gemischt So

Nicotiana affinis Tabak
F ↕ 75 ↔ 30 Weiß So Laub

***Nicotiana x sanderae* Domino-Serie** Tabak
BF ↕ 30 ↔ 15 Gemischt So

Nicotiana sylvestris Tabak
F ↕ 150 ↔ 75 Weiß So

Nigella damascena Jungfer im Grünen
F ↕ 60 ↔ 20 Blassblau So

Nigella damascena Jungfer im Grünen
VF ↕ 60 ↔ 20 Weiß So

***Nigella damascena* 'Miss Jekyll'** Jungfer im Grünen
VF ↕ 45 ↔ 20 Blassblau So

Oenothera biennis Gewöhnliche Nachtkerze
VF ↕ 150 ↔ 30 Primelgelb So

****Onopordum acanthium*** Eselsdistel
VF ↕ 180 ↔ 90 Pink So

Papaver commutatum Mohn
VF ↕ 45 ↔ 45 Scharl./Schwarz So

Papaver rhoeas Klatschmohn
VF ↕ 60 ↔ 30 Scharlach So

Physalis alkekengi Judenkirsche
VF ↕ 45 ↔ 60 Weiß So–He

Polycarena cephalophora
E ↕ 25 ↔ 15 Blau-Mauve So

Rhodanthe chlorocephala* subsp. *rosea Immortelle
BF ↕ 30 ↔ 15 Pink/Weiß So Laub

***Salvia splendens* 'Rambo'** Pracht-Salbei
BF ↕ 45 ↔ 30 Scharlach So–He

***Salvia splendens* (Vista-Serie) 'Vista Purple'** Pracht-Salbei
BF ↕ 30 ↔ 30 Purpur So–He

***Salvia splendens* (Vista-Serie) 'Vista Red'** Pracht-Salbei
BF ↕ 30 ↔ 30 Rot So–He

Scabiosa atropurpurea Samt-Skabiose
F ↕ 100 ↔ 30 Karmesinrot So–He

Senecio cineraria Greiskraut
VF ↕ 30 ↔ 39 Gelb So Laub

Silene dioica Rote Lichtnelke
VF ↕ 80 ↔ 45 Pink-Rot Fr–So

Smyrnium perfoliatum Gelbdolde
VF ↕ 100 ↔ 60 Gelb So

Tagetes erecta Studentenblume
T ↕ 100 ↔ 45 Gelb So–He

***Verbena laciniata* 'Lavender Mist'** Verbene
BF ↕ 30 ↔ 30 Weiß, Lavend. So–He

Xanthophthalmum segetum
VF ↕ 45 ↔ 30 Gelb So

Xeranthemum annuum Papierblume
BF ↕ 60 ↔ 45 Purpur So

Xerichrysum bracteatum
BF ↕ 100 ↔ 30 Gelb So Laub

Zaluzianskya affinis Sternbalsam
BF ↕ 20 ↔ 45 Weiß So

Zaluzianskya capensis Sternbalsam
BF ↕ 40 ↔ 45 Weiß So

***Zinnia elegans* 'Desert Sun'** Zinnie
BF ↕ 90 ↔ 30 Gelbtöne So

Ziergräser

Briza maxima Zittergras
VF ↕ 50 ↔ 10 Gold So–He Laub

***Carex elata* 'Aurea'** Steife Segge
VF ↕ 40 ↔ 15 Gelb So–He Laub

Coix lacrima-jobi Hiobsträne
BF ↕ 90 ↔ 15 So–He Laub

***Cortaderia selloana* 'Silver Comet'** Pampasgras
F ↕ 150 ↔ 100 Weiß So–He Laub

Festuca glauca Blauschwingel
VF ↕ 10 ↔ 10 Blaugrau Fr–Wi Laub

***Hakonechloa macra* 'Aureola'** Japangras
VF ↕ 40 ↔ 60 Gelb-Rot So–He Laub

****Hordeum jubatum*** Mähnengerste
VF ↕ 60 ↔ 30 Goldgelb So–He Laub

Lagurus ovatus Hasenschwanzgras
VF ↕ 45 ↔ 15 Weiß So–He Laub

Leymus arenarius Strandroggen
VF ↕ 150 ↔ unb. Graugrün So–He Laub

***Miscanthus sinensis* 'Gracillimus'** Chinaschilf
VF ↕ 120 ↔ 45 Weiß Fr–Wi Laub

Phyllostachys aureosulcata* fo. *aureocaulis Bambus
F ↕ 800 ↔ unb. Goldgelb Fr–Wi Wuchs & Laub

Pleioblastus variegatus
VF ↕ 80 ↔ unb. Weiß/Grün Fr-Wi Laub

Stipa calamagrostis Federgras
VF ↕ 100 ↔ 45 Blaugrün So–He Laub

Kräuter

Achillea millefolium Schafgarbe
VF ↕ 100 ↔ 60 Weiß/Pink So–He

Aloysia triphylla Zitronenverbene
F ↕ 3m ↔ 3m Lila So

Anethum graveolens Ackerdill
VF ↕ 150 ↔ 30 So

Anthriscus cerefolium Gartenkerbel
VF ↕ 60 ↔ 30 So

Artemisia abrotanum Eberraute
VF ↕ 75 ↔ 75 So

****Artemisia absinthium*** Wermut
VF ↕ 100 ↔ 120 So

Artemisia dracunculus Estragon
VF ↕ 200 ↔ 60 So

Borago officinalis Borretsch
VF ↕ 60 ↔ 60 Himmelblau So

Calendula officinalis Gartenringelblume
BF ↕ 70 ↔ 30 Orange So

Carum carvi Kümmel
VF ↕ 60 ↔ 15 Weiß So

Chamaemelum nobile Römische Kamille
VF ↕ 10 ↔ 45 Weiß So

Coriandrum sativum Koriander
T ↕ 60 ↔ 30 So

Cuminum cyminum Kreuzkümmel
T ↕ 30 ↔ 10 Weiß So

Cymbopogon citratus Zitronengras
T ↕ 200 ↔ 100 So

Eruca vesicaria* subsp. *sativa Rauke
VF ↕ 40 ↔ 30 So

Foeniculum vulgare Fenchel
F ↕ 200 ↔ 45 So

***Foeniculum vulgare* 'Purpureum'** Fenchel
F ↕ 200 ↔ 45 So

Galium odoratum Waldmeister
VF ↕ 45 ↔ 30 Weiß Fr–So

Hyssopus officinalis Ysop
VF ↕ 60 ↔ 100 So

Laurus nobilis Lorbeerbaum
BF ↕ 10m ↔ 5m

***Lavandula angustifolia* 'Alba'** Echter Lavendel
VF ↕ 90 ↔ 120 Weiß So

***Lavandula angustifolia* 'Hidcote'** Echter Lavendel
VF ↕ 75 ↔ 75 Blau So

Lavandula stoechas Schopflavendel
F ↕ 75 ↔ 75 Blau So

Levisticum officinale Liebstöckel
VF ↕ 70 ↔ 20 Gelb So

Melissa officinalis Zitronenmelisse
VF ↕ 150 ↔ 60 Gelb So

Mentha* x *piperita Pfefferminze
VF ↕ 60 ↔ unb. Purpur So

Mentha spicata Ährenminze
VF ↕ 60 ↔ unb. Purpur-Blau So

***Mentha suaveolens* 'Variegata'** Rundblättrige Minze
VF ↕ 100 ↔ unb. Weiß So

Monarda didyma Indianernessel
VF ↕ 100 ↔ 45 Rot So

Myrrhis odorata Süßdolde
VF ↕ 200 ↔ 60 Weiß So

Nepeta* x *faassenii Katzenminze
VF ↕ 60 ↔ 60 Lavendelblau So

Nepeta nervosa Katzenminze
VF ↕ 35 ↔ 30 Blassblau So

Ocimum basilicum Basilikum
T ↕ 45 ↔ 10 So

Origanum majorana Majoran
F ↕ 30 ↔ 30 So

Origanum vulgare Dost
VF ↕ 45 ↔ 45 So

Petroselinum crispum Petersilie
VF ↕ 40 ↔ 30 So

Phlomis fruticosa Brandkraut
F ↕ 120 ↔ 120 Goldgelb So

Rosmarinus officinalis Rosmarin
VF ↕ 180 ↔ 150 Blau-Purpur So

****Rumex acetosa*** Sauerampfer
VF ↕ 60 ↔ 60 So

Ruta graveolens Gartenraute
VF ↕ 90 ↔ 75 Gelbgrün So

Salvia officinalis Echter Salbei
VF ↕ 80 ↔ 60 Weiß So

***Salvia officinalis* 'Purpurascens'** Echter Salbei
VF ↕ 80 ↔ 60 So Laub

Santolina chamaecyparissus Heiligenkraut
F ↕ 75 ↔ 100 Gelb So

Tanacetum balsamita Balsamkraut
VF ↕ 80 ↔ 30 Weiß So–He

Tanacetum parthenium Mutterkraut
VF ↕ 45 ↔ 45 Weiß So

Thymus caespititius Thymian
F ↕ 2,5 ↔ 20 Lila-Pink So

Thymus carnosus Thymian
F ↕ 20 ↔ 20 Weiß So

Thymus* x *citriodorus Zitronenthymian
F ↕ 10 ↔ 10 Lila So

***Thymus* Coccineus-Gruppe** Thymian
VF ↕ 5 ↔ 30 Magenta So

Thymus herba-barona Thymian
F ↕ 10 ↔ 20 Lila So

***Thymus polytrichus* subsp. *britannicus* 'Doone Valley'** Thymian
VF ↕ 5 ↔ 30 Mauve So

***Thymus polytrichus* subsp. *britannicus* 'Snowdrift'** Thymian
VF ↕ 5 ↔ 30 Weiß So

***Thymus* 'Porlock'** Thymian
VF ↕ 8 ↔ 20 Pink So

Thymus pseudolanuginosus Thymian
VF ↕ 5 ↔ 20 Pink-Lila So

Thymus serpyllum Sand-Thymian
VF ↕ 25 ↔ 45 Purpurrot So

***Thymus serpyllum* 'Annie Hall'**
VF ↕ 25 ↔ 45 Blasses Mauve So

Thymus vulgaris Gartenthymian
VF ↕ 30 ↔ 30 Mauve So

***Thymus vulgaris* 'Silver Posie'** Echter Thymian
VF ↕ 30 ↔ 30 Mauve So

Zingiber officinale Ingwer
E ↕ 120 ↔ 60 Pink/Weiß So

Bäume & Sträucher

Acer campestre Feldahorn
VF ↕ 12m ↔ 8m He Laub

***Acer palmatum* 'Sango-kaku'** Fächerahorn
VF ↕ 6m ↔ 6m He Laub & Rinde

***Acer palmatum* var. *dissectum* Dissectum-Atropurpureum-Gruppe** Fächerahorn
VF ↕ 120 ↔ 150 He Laub

Acer palmatum* var. *dissectum Fächerahorn
VF ↕ 120 ↔ 150 He Wuchs & Laub

***Agave americana* 'Variegata'** Agave
T ↕ 200 ↔ 300 Weiß So Wuchs & Blatt

Arbutus unedo Erdbeerbaum
F ↕ 7,6m ↔ 8,5m Weiß He–Wi Frucht

Betula utilis* var. *Jacquemontii Birke
VF ↕ 18m ↔ 10m Fr–Wi Laub

Buddleja alternifolia Schmetterlingsstrauch
VF ↕ 4m ↔ 4m Lila So

***Buddleja davidii* 'Black Knight'** Schmetterlingsstrauch
VF ↕ 5m ↔ 5m Dunkles Purpur So

***Buxus sempervirens* 'Suffruticosa'** Buchs
VF ↕ 75 ↔ 75 Fr–Wi Laub

Callicarpa bodinieri* var. *giraldii Schönfrucht
VF ↕ 250 ↔ 250 He Frucht

***Callistemon citrinus* 'Splendens'** Zylinderputzer
BF ↕ 300 ↔ 250 Rot So

Camellia japonica **'Jupiter'** Kamelie
F 10m ↔ 8m Pink-Rot Fr

Camellia japonica **'Silver Anniversary'** Kamelie
F 10m ↔ 8m Weiß Fr

Camellia **x** ***williamsii*** **'Donation'** Kamelie
VF 4m ↔ 250 Pink Fr

Cistus ladanifer Zistrose
F 130 ↔ 150 Weiß So

Corokia cotoneaster Zickzackstrauch
F 250 ↔ 300 Gelb Fr Wuchs

Corylus avellana **'Contorta'** Korkenzieherhasel
VF 6m ↔ 6m Fr–Wi Wuchs & Laub

Cotinus coggygria **'Notcutt's Variety'** Perückenstrauch
VF 5,5m ↔ 4m Pink-Purpur So Laub

Crataegus monogyna Weißdorn
VF 10m ↔ 8m Weiß Fr–So

Daphne odora **'Aureomarginata'** Duftender Seidelbast
F 150 ↔ 150 Purpur/Weiß So

Dicksonia antarctica
F 10m ↔ 4m Fr–Wi Wuchs & Laub

Euonymus europaeus Pfaffenhütchen
VF 3m ↔ 250 He Frucht

Gardenia augusta Gardenie
E 150 ↔ 150 Weiß So

Heliotropum arborescens Heliotrop
E 75 ↔ 120 Purpur So

Hibiscus syriacus **'Diana'** Roseneibisch
VF 3m ↔ 250 Weiß So–He

Iberis sempervirens Schleifenblume
VF 30 ↔ 60 Weiß Fr–So

Ilex aquifolium Stechpalme
VF 20m ↔ 6m Weiß Fr Laub

Isoplexis canariensis
E 120 ↔ 75 Braunorange So

Lantana montevidensis Wandelröschen
E 30 ↔ 150 Rosa-Purpur So

Myrtus communis Brautmyrte
F 10m ↔ 10m Weiß Fr–So

Paeonia suffruticosa **'Godaishu'** Strauchpäonie
VF 220 ↔ [illegible] Weiß Fr So

Protea cynaroides Königs-Protee
E 150 ↔ 150 Pink-Rot So

Prunus **x** ***subhirtella*** **'Autumnalis'**
VF 8m ↔ 8m Weiß Wi

Quercus robur Stieleiche
VF 25m ↔ 25m So–He Laub & Rinde

Rosa **x** ***alba*** Rose
VF 250 ↔ 150 Weiß So

Rosa **'Alec's Red'**
VF 100 ↔ 60 Kirschrot So

Rosa canina Hundsrose
VF 5,5m ↔ 300 Pink So

Rosa **'Constance Spry'**
VF 200 ↔ 150 Pink So Laub & Rinde

Rosa gallica **'Versicolor'**
VF 75 ↔ 100 Pink/Karmesin So

Rosa hemisphaerica
VF 200 ↔ 120 Schwefelgelb So

Rosa **'Indigo'**
VF 200 ↔ 150 Indigo So

Rosa **'Madame Isaac Pereire'**
VF 220 ↔ 200 Purpur-Pink So

Rosa **'Margaret Merril'**
VF 100 ↔ 60 Weiß So

Rosa **'Paul Shirville'**
VF 75 ↔ 75 Lachsfarben-Pink So

Rosa rubiginosa
VF 250 ↔ 250 Pink So

Rosa rugosa
VF 200 ↔ 200 Purpur So

Rosa **'Schneewittchen'**
VF 75 ↔ 60 Weiß So

Rosa **'Troika'**
VF 100 ↔ 75 Orange-Rot So

Salix babylonica **var.** ***pekinensis*** **'Tortuosa'** Trauerweide
VF 15m ↔ 10m Fr–Wi Wuchs

Salix triandra Mandelweide
VF [illegible] ↔ [illegible] Fr–Wi Wuchs

Taxus baccata Eibe
VF 15m ↔ 10m Fr–Wi Laub

Trachycarpus fortunei Hanfpalme
F 15m ↔ 250 Fr–Wi Wuchs

Viburnum carlesii Schneeball
VF 150 ↔ 150 Weiß Fr

Viburnum lantana Wolliger Schneeball
VF 5m ↔ 4m Weiß Fr–So

Viburnum opulus Gew. Schneeball
VF 4m ↔ 4m Weiß Fr–So

Yucca filamentosa Palmlilie
VF 200 ↔ 150 Weiß So Wuchs

Yucca gloriosa Kerzen-Palmlilie
VF 4m ↔ 4m Weiß So Wuchs

Yucca whipplei Palmlilie
VF 150 ↔ 200 Weiß So Wuchs

Kletterpflanzen und Sträucher an Mauern

Clematis **'Arctic Queen'** Waldrebe
VF 300 ↔ 100 Creme So–He

Cytisus battandieri Geißklee
F 4m ↔ 4m Gelb So

Fremontodendron **'Pacific Sunset'**
F 6m ↔ 6m Gelb Fr–He

Hedera helix **'Oro di Bogliasco'** Efeu
VF 6m Fr-Wi Laub

Jasminum officinale Jasmin
F 12m Weiß So

Lathyrus latifolius **'White Pearl'** Breitblättrige Platterbse
VF 200 Weiß So

Lathyrus odoratus Duft-Wicke
VF 200 ↔ 100 Gemischt So

Lonicera **x** ***americana*** Geißblatt
VF 7m Gelb So

Lonicera periclymenum **'Graham Thomas'** Waldgeißblatt
VF 7m Weiß So

Parthenocissus tricuspidata Jungfernrebe
VF 20m He

Passiflora caerulea Passionsblume
BF 10m Blau-Weiß So

Pyracantha **'Orange Glow'** Feuerdorn
F 5m ↔ 3m Weiß So–He

Rosa **'Blush Rambler'** Rose
VF 4m ↔ 220 Weiß/Pink So Hagebutten

Rosa **'Maigold'** Rose
VF 250 ↔ 250 Bronzegelb Fr–He Laub

Rosa moschata Moschusrose
VF 3,5m ↔ 120 Creme So

Rosa **'Zéphirine Drouhin'** Rose
VF 250 ↔ 200 Tiefes Pink So–He Hagebutten

Tropaeolum majus Kapuzinerkresse
T 3m ↔ 150 Orange So–He

Tropaeolum speciosum Kapuzinerkresse
VF 3m ↔ 250 Scharlachrot So

Wisteria sinensis Glyzine
VF 30m Blau So

Wisteria sinensis **'Alba'** Glyzine
VF 30m Weiß So

Zwiebelblumen

Allium christophii Sternkugel-Lauch
F 40 ↔ 20 Blau So

Allium flavum Gelber Lauch
F 35 ↔ 8 Gelb So

Allium giganteum Riesen-Lauch
F 200 ↔ 35 Purpurrot So

Allium karataviense Blauzungen-Lauch
F 20 ↔ 30 Blasses Purpurrot Fr

Allium schoenoprasum Schnittlauch
F 25 ↔ 10 Blasses Purpurrot So Laub

Cardiocrinum giganteum Riesenlilie
F 200 100 Weiß So

Crocosmia x _crocosmiiflora_ 'Emily McKenzie' Montbretie
VF 60 20 Tiefes Orange So

Crocosmia x _crocosmiiflora_ 'Golden Glory' Montbretie
VF 60 20 Goldgelb So

Crocosmia x _crocosmiiflora_ 'Jack-anapes' Montbretie
VF 60 20 Gelb-Orange So

Crocosmia 'Lucifer' Montbretie
F 100 25 Scharlachrot So

Dahlia 'Bishop of Llandaff' Dahlie
BF 100 45 Dunkelrot So–He

Dahlia 'Hamari Accord' Dahlie
BF 120 60 Blassgelb So–He

Dahlia 'Hamari Gold' Dahlie
BF 110 60 Goldbronze So–He

Dahlia 'White Moonlight' Dahlie
BF 120 60 Weiß So–He

Freesia Super-Giant-Serie Freesie
E 30 10 Gemischt So

Gladiolus 'Peace' Gladiole
F 170 15 Creme So

Gladiolus 'Victor Borge' Gladiole
F 170 35 Scharlachrot So

Lilium 'Bright Star' Lilie
VF 150 15 Weiß/Orange So

Lilium bulbiferum Feuerlilie
VF 150 15 Orange-Rot So

Lilium 'Destiny' Lilie
VF 120 15 Gelb So

Lilium Golden-Splendor-Gruppe Lilie
VF 200 15 Goldgelb So–He

Lilium lancifolium Tigerlilie
VF 150 15 Pink-Orange So–He

Lilium longiflorum Oster-Lilie
VF 100 15 Weiß So

Lilium martagon Türkenbundlilie
VF 200 15 Pink-Purpurrot So

Lilium monadelphum Lilie
VF 200 15 Gelb So

Lilium regale Königslilie
VF 200 15 Weiß/Gelb So

Lilium 'Star Gazer' Lilie
VF 90 15 Weiß-Pink So

Nerine bowdenii var. _wellsii_
F 60 15 Pink He

Nomocharis pardanthina
VF 100 15 Weiß So

Gemüse

Abelmoschus esculentus Okra
E 120 90 So

Allium cepa Zwiebel
VF 60 5 So

Asparagus officinalis Spargel
F 60 45 So

Beta vulgaris Cicla-Gruppe Mangold
F 45 15 So

Brassica oleracea Capitata-Gruppe Kohl
VF 30 45 So

Brassica oleracea Gemmifera-Gruppe Rosenkohl
VF 150 75 So

Capsicum annuum Grossum-Gruppe Paprika
E 75 60 So

Cucurbita pepo Gartenkürbis
F 300 30

Cynara cardunculus Wilde Artischocke
E 300 100 Blau So

Daucus carota Möhre
E 23 15 So

Lablab purpureus Faselbohne
E 10m Purpur So

Lactuca sativa Salat
F 30 30 So

Lycopersicon esculentum Tomate
E 250 100 So

Phaseolus coccineus Feuerbohne
E 300 30 So

Phaseolus vulgaris Gartenbohne
F 300 So

Pisum sativum Erbse
E 200 30 So

Raphanus sativus Rettich
VF 15 10 So

Solanum melongena Aubergine
E 70 60 So

Solanum tuberosum Kartoffel
E 60 60 So

Zea mays Mais
E 170 45 So

Obst

Citrus limon Zitrone
E 10m 8m Weiß Fr

Ficus carica Echter Feigenbaum
F 10m 10m So

Fragaria vesca 'Semperflorens' Monatserdbeere
VF 10 20 Weiß Fr

Malus domestica Apfel
VF 10m 8m Fr

Malus prunifolia 'Cheal's Crimson' Kirsch-Apfel
VF 10m 8m Fr

Mespilus germanica Mispel
VF 12m 8m Weiß Fr

Prunus cerasus Sauerkirsche
VF 5m 6m Weiß Fr Wuchs

Prunus domestica Pflaume
VF 5m 6m Weiß Fr Wuchs

Prunus persica Pfirsich
VF 5m 6m Pink Fr Laub

Pyrus communis Birne
VF 10m 7m Weiß Fr Laub

Vitis vinifera Weinrebe
VF 9m Grün So

Adressen

Gärtnereien und Gartencenter

Sowohl Gartencenter als auch Gärtnereien bieten heute eine reiche Auswahl an Pflanzen für Cottagegärten. Manche Gärtnereien sind auch auf bestimmte Pflanzengruppen spezialisiert. Neben guten Pflanzen bekommen Sie hier auch Ratschläge, viele Ideen und auch oft Accesoires und anderes Zubehör für den Garten. Da viele Gartenliebhaber auch ins Ausland – speziell nach England – reisen, haben wir auch ausländische Adressen angegeben, wo Sie sich neben neuen Anregungen auch interessantes Pflanzenmaterial besorgen können.

Ein umfassendes Verzeichnis über Gartenpflanzen bietet *The RHS Plant Finder*, das neben Informationen auch Bezugsquellen in England aufführt. Es ist bei folgender Adresse als CD-ROM erhältlich:
The Plant Press,
10 Market St., Lewes, BN7 2NB,
01273 476151 oder www.plantpress.com

Die Homepage der Royal Horticultural Society ist ebenfalls eine Fundgrube für Pflanzenliebhaber:
www.rhs.org.uk/rhsplantselector

Stauden

Deutschland

Siegfried Geißler
Alpine Staudengärtnerei
Gorschmitz Nr. 14
04703 Leisnig/Sachsen
Tel. 034321/14623

Foerster Stauden GmbH
Am Raubfang 6
14469 Potsdam-Bornim
Tel. 0331/52 02 94
www.foerster-stauden.de

Staudengärtner Heinz Klose
Rosenstr. 10
34253 Lohfelden
Tel. 0561/51 55 55
www.staudengaertner-klose.de

Arends Maubach
Staudengärtnerei
Monschaustr. 76
42369 Wuppertal
Tel. 0202/46 46 10
www.arends-maubach.de

Wolff's Pflanzen für den ländlichen Garten
Hauptstr. 9
74541 Vellberg-Großaltdorf
Tel. 07907/1250

Staudengärtnerei
Gräfin von Zeppelin
79295 Laufen bei Staufen
Tel. 07634/69716
www.graefin-v-zeppelin.com

Staudengärtnerei Gaissmayer
Jungviehweide 3
89257 Illertissen
Tel. 07303/7258
www.gaissmayer.de

Rolf Peine
Staudengärtnerei
An der B 471
82296 Schöngeising
Tel. 08141/2 40 44

Sortimentsgärtnerei Simon
Staudenweg 2
97828 Marktheidenfeld
Tel. 09391/3516
www.gaertnerei-simon.de

Österreich

F. Feldweber
Staudengärnerei
Staudenkulturen, Baumschulen
A-4974 Ort im Innkreis
Tel. 07751/8320
www.feldweber.com

Praskac
Baumschulen
Praskacstr. 101-108
A-3430 Tulln/Donau
Tel. 02272/62460
www.proskac.at

Schweiz

J. Eschmann Alpengarten
CH-6032 Emmen

England

Viele bekannte englische Gärten bieten nicht nur Anregungen, sondern verkaufen auch Gartenpflanzen.

Beth Chatto Garden
Elmstead Market,
Colchester CO7 7DB.
Tel. 01206 /82 20 07
www.bethchatto.co.uk

Glebe Cottage Plants
Tel. 01769/54 05 54
www.glebecottageplants.co.uk

Hardy's Cottage Garden Plants
Priory Lane, Freefolk Priors,
Whitchurch RG28 7NJ
Tel. 01256/89 65 72
www.hardys-plants.co.uk

Elworthy Cottage Plants
Elworthy, Taunton TA4 3PX
Tel. 01984/65 64 27
www.elworthy-cottage.co.uk

Cottage Garden Plants
Moor Road, North Owersby,
Market Rasen LN8 3PR
Tel. 01673/82 82 54
www.cottagegardenplant.co.uk

Duchy Nursery
Cott Road, Lostwithiel PL22 OHW
Tel. 01208/87 26 68
www.duchyofcornwallnursery.co.uk

Tendercare
Southlands Road, Denham,
Middlesex UB9 4HD
Tel. 01895/83 55 44
www.tendercare.co.uk

Pantiles Nurseries Ltd
Almners Road, Lyne, Chertsey KT16 0BJ
Tel. 01932/87 21 95
www.pantiles-nurseries.co.uk

Blumenzwiebeln und Knollen

Deutschland
Albrecht Hoch
Potsdamer Str. 40
14163 Berlin (Zehlendorf)
Tel. 030/8 02 62 51

Gärtner Pötschke GmbH
Beuthener Str. 4
41561 Kaarst
Tel. 01805/86 11 00
www.petschke.de

Schweiz
Samen Mauser AG
Postfach 67
CH-8404 Winterthur
Tel. 052/2 34 25 25
www.samen-mauser.ch

England
Bulbs4u.co.uk
Ein Internet-Versender:
www.bulbs4u.co.uk

Broadleigh Gardens
Bishops Hull, Taunton TA4 1AE
01823 286231
www.broadleighbulbs.co.uk

Rosen

Deutschland
Rosen Jensen
Am Schlosspark 2b, 24960 Glücksburg
Tel. 04631/6010-0
www.rosenjensen.de

W. Kordes' Söhne
25365 Klein Offenseth-Sparrieshoop
Tel. 04121/48700
www.kordes-rosen.com

Rosen Welt Tantau
Tornescher Weg 13
25436 Uetersen
Tel. 04122/7084

Rosenhof Schultheis
Bad Nauheimerstr. 3
61231 Bad Nauheim-Steinfurth
Tel. 06032/81013
www.rosenhof-schultheis.de

Lacon GmbH
J.-S.-Piazolostr. 4a
68766 Hockenheim
Tel. 06205/4001 oder 7033
www.lacon-rosen.de

Baumschule Goos
Wieslocher Str. 26
60168 Wiesloch-Baiertal
Tel. 06222/73434

Landhaus Ettenbühl
79415 Bad Bellingen-Hertingen
Tel. 07635/82 23 57

Rosengärtnerei Kalbus
Hagenhausener Hauptstr. 112
90518 Altdorf/Hagenhausen
Tel. 09187/5729
www.rosen-kalbus.de

England
David Austin Roses Ltd
Bowling Green Lane, Albrighton,
Wolverhampton WV7 3HB
Tel. 01902/37 63 00
www.davidaustinroses.com

Peter Beales Roses
London Road, Attleborough
Norfolk NR17 1AY
Tel. 01953/45 47 07

Mottisfont Abbey Garden Shop
Mottisfont, nr. Romsey
Hampshire SO51 OLP
Tel. 01794/34 19 01

Wildpflanzen

Deutschland
Naturwuchs
Bardenhorst 15
33739 Bielefeld-Vilsendorf
Tel. 0521/9 88 17 78
www.naturwuchs.de

Carl Sperling & Co
Hamburger Str. 35
21339 Lüneburg
Tel. 04131/30170
www.sperli.de

Syringa Versand
Postfach 1147
78251 Hilzingen
Tel. 07739/1452
www.syringa-samen.de

Österreich
Voitsauer-Wildblumensamen
Voitsau 8
A-3623 Kottes
Tel. 02873/7306
www.wildblumensaatgut.at

Schweiz
Samen Mauser AG
Industriestr. 24
CH-8404 Winterthur

England
Yellow Flag Wildflowers
8 Plock Court, Longford, Gloucester GL2 9DW
Tel. 01452 311525
www.wildflowersuk.com

Bäume und Sträucher

Versandbaumschule Brenninger
Hofstarring 2 D
84439 Steinkirchen
Tel. 08084/25 99 01
www.brenninger.de

Baumschulen Wilhelm Ley
Postfach 128
53340 Meckenheim
Tel. 02225/9 14 40
www.ley-baumschule.de

Zubehör

Country Garden
Nagolder Straße 27
72119 Ammerbuch-Pfäffingen
Tel. 07073/2372
www.country-garden.de

Die Gartengalerie
Wössinger Str. 15
75045 Walzbachtal
Tel. 07203/1805
www.gartengalerie.de

Informationen

Bei den folgenden Verbänden, Gesellschaften und Interessengemeinschaften, finden Sie interessante Informationen über verschiedene Pflanzen, zum Thema Gartengestaltung und zum Naturschutz.

Gesellschaft der Staudenfreunde
Klaus Zimmermann
Eichenstr. 5,
67259 Beindersheim
Tel.: 06233/37 18 37
wwww.gds-staudenfreunde.de

Bund deutscher Staudengärtner
Godesberger Allee 14-148
53175 Bonn
Tel. 0228/8 10 02-51
www.stauden.de

Bund deutscher Baumschulen e.V.
Bismarckstraße 49
25402 Pinneberg
Tel. 04104/20 59-0
www.bund-deutscher-baumschulen.de

Deutsche Gartenbaugesellschaft 1822 e.V.
Webersteig 3
78462 Konstanz
Tel. 07531/1 52 88
www.dgg1822.de

Österreichische Gartenbaugesellschaft
Parkring 12
A-1010 Wien
Tel. 01/5 12 84 16

The Cottage Garden Society
Brandon
Ravenshall, Betley
Cheshire CW3 9BH
www.thecgs.org.uk

Naturgarten e.V.
Verein für naturnahe Garten- und Landschaftsgestaltung
Kernerstraße 4
74075 Heilbronn
Tel. 07131/6 49 99 96
www.naturgarten.org

Naturgarten e.V. Österreich
Voitsau 8
A-3623 Kottes
Tel. 02873/7306
www.wildblumensaatgut.at

NABU
Naturschutzbund Deutschland e.V.
Bundesgeschäftstelle Berlin
Invalidenstraße 112
10115 Berlin
Tel. 030/28 49 84-0
www.nabu.de

www.garden.com
Unter dieser Internet-Adresse finden Sie zahlreiche Adressen von Gärten im In- und Ausland, die für Besucher zugänglich sind.

Bildnachweis

Erklärung der Abkürzungen:
l = links r = rechts u = unten o = oben M = Mitte
Alle Bilden stammen von Jerry Harpur, mit Ausnahme derjenigen, die mit MH gekennzeichnet sind. Diese stammen von Marcus Harpur.

Umschlag vorne: Jardin d'Angelique, Manoir de Montmain, bei Rouen, Frankreich **Umschlag hinten:** Garten, gestaltet von Richard Hartlage für Silas Mountsier, New Jersey (rechts), The Secret Garden (Carol Mercer & Lisa Verderosa), East Hampton, Long Island, New York (unten) **S1** Prieuré de Notre Dame d'Orsan, F18170 Maisonnais, Frankreich Tel: 0033 (0) 2.48.56.27.50 **S2** Claude Monet's Garten in Giverny **S3** Eastgrove Cottage Garten, Sankyns Green, Shrawley, bei Worcs **S4/5** Great Dixter, Northiam, Sussex **S6** Timothy & Christine Easton, Bedfield Hall, Suffolk **S6/7** Anne Hathaway's Cottage, Shottery, Warwickshire **S8** (MH) East Lambrook Manor, Somerset **S9** Nantucket Island, Massachusetts **S10** (MH) East Lambrook Manor, Somerset **S11** (MH) East Lambrook Manor, Somerset **S12**ol Home Farm, Balscote, Oxon **S12**or Peter Wooster, Roxbury, Connecticut **S12**ul Timothy & Christine Easton, Bedfield Hall, Suffolk **S12**ur Anne Just, Blokhus, Dänemark **S14** (MH) Old Rectory, Sudborough, Northants **S15** (MH) East Lambrook Manor, Somerset **S16/17** Eastgrove Cottage Garden, Sankyns Green, Shrawley, bei Worcs **S18** Great Dixter, Northiam, Sussex **S19** Great Dixter, Northiam, Sussex **S20/21** The Secret Garden (Carol Mercer & Lisa Verderosa), East Hampton, Long Island, New York **S23** Keith Kirsten, Johannesburg, Südafrika **S24** White Flower Farm, Lichfield, Connecticut, gestaltet von Fergus Garrett **S25** (MH) Guildford Borough Council Garten bei der RHS Hampton Court Flower Show 2003, gestaltet von Kay Munt & Chris Bruce **S26** (MH) Timothy & Christine Easton, Bedfield Hall, Suffolk **S27**o (MH) Docwra's Manor, Shepreth, Cambs **S27**u Jardin d'Angelique, Manoir de Montmain, bei Rouen, Frankreich **S30**

Ashley & Gilly Meacock, Fudlers Hall, Mashbury, Essex **S31** (MH) Timothy & Christine Easton, Bedfield Hall, Suffolk **S32/33** Beth Chatto, Elmstead Market, Essex **S34** Eastgrove Cottage Garden, Sankyns Green, Shrawley, bei Worcs **S35**o Dr Rivers, Balscote, Oxon **S35**u Frances Denby, Plas-yn-Llan, Llanrhaeadr-ym-Mochnant, Nordwales **S38** Patrick & Sylvie Quibel, Jardin Plume, Auzouville, bei Rouen, Frankreich **S39** Garten in New South Wales, Australien **S40** Egeskov Slotshave, Fyn, Dänemark **S41**o (MH) Old Rectory, Sudborough, Northants, gestaltet von Rosemary Verey & Rupert Golby **S41**u Nancy Fleckler, Oyster Point Gardens, Bainbridge Island, Wa **S42**o (MH) Old Rectory, Sudborough, Northants, gestaltet von Rosemary Verey & Rupert Colby **S42**ul (MH) Francine Raymond, The Kitchen Garden, Troston, Suffolk **S42**ur Prieuré de Notre Dame d'Orsan, F18170 Maisonnais, Frankreich Tel: 0033 (0) 2 48 56 27 50 **S43** Peter Cooper & Karen Hall, Wychwood Nursery, Mole Creek, Tasmanien **S44**o Dr Mary Giblin, Essex **S44**u Gunilla Pickard, Great Waltham, Essex **S46** Sir Miles Warren, 'Ohinetahi', bei Christchurch, Neuseeland **S47** Mme Constance Kargère, Varengeville, Normandie, Frankreich **S48**o Richard Hartlage's gestaltet für Silas Mountsier, New Jersey **S48**M Keeyla Meadows, Berkeley, Kalifornien **S48**u Prieuré de Notre Dame d'Orsan, F18170 Maisonnais, Frankreich Tel: 0033 (0) 2 48 56 27 50 **S48/49** gestaltet von Jacqueline van der Kloet, Weesp, Niederlande, für Mr & Mrs Mol **S50**l Dame Elisabeth Murdoch, Cruden Farm, Victoria, Australien, gestaltet von Edna Walling **S50**r Helen Dillon, Ranelagh, Dublin **S52** Frances Denby, Plas-yn-Llan, Llanrhaeadr-ym-Mochnant, Nordwales **S52/53** Bruno Goris-Poncé, bei Grasse, Frankreich **S54**o Dennis Schrader & Bill Smith, Mattitock, Long Island, New York **S54**u Great Dixter, Northiam, Sussex **S55** Dennis Schrader & Bill Smith, Mattituck, Long Island, New York **S56** Beth Chatto, Elmstead Market, Essex **S57** t&b 'Dolwen', Llanrhaeadr-ym-Mochnant, Nordwales, gestaltet von Frances Denby **S58** (MH) The Laurent-Perrier Garden bei der RHS Chelsea Flower Show 2003, gestaltet von Tom Stuart-Smith **S60/61** Piet Oudolf's Garten bei Hummelo, Niederlande **S61** Mr & Mrs Tim Barbour, Evandale, Tasmanien **S62**o Ken & Gwen Davey, Forest Hall, Castlemaine, Victoria, Australien **S62**M gestaltet von Jacqueline van der Kloet, Weesp, Niederlande für Mr &Mrs Mol **S62**u Town gestaltet von Jacqueline van der Kloet, Weesp, Netherlands **S63** Wilmar Bouman & Matthew Ryan, Hobart, Tasmanien **S64**o Jorn Langberg, Langham, Suffolk **S64**u Cynthia & Chapin Nolen, Santa Barbara, Kalifornien **S66** Ashley & Gilly Meacock, Fudlers Hall, Mashbury, Essex **S67**o Egeskov Slotshave, Fyn, Dänemark **S67**u Timothy & Christine Easton, Bedfield Hall, Suffolk **S68** Charles & Barbara Robinson, Washington, Connecticut **S68/69** Reading University Botanic Gardens, gestaltet von Richard Bisgrove **S70** Ashley & Gilly Meacock, Fudlers Hall, Mashbury, Essex **S71**o (MH) Eastgrove Cottage Garden, Sankyns Green, Shrawley, bei Worcs **S71**u Great Dixter, Northiam, Sussex **S72** Garten in Nordfrankreich **S72/73** Great Dixter, Northiam, Sussex **S74** Eastgrove Cottage Garden, Sankyns Green, Shrawley, bei Worcs **S76/77** Mr & Mrs Harris, Bar Harbour, Maine **S76** (MH) Lladro Garden bei der RHS Chelsea Flower Show 2003, gestaltet von Fiona Lawrenson & Chris Moss **S78**l Jorn Langberg, Langham, Suffolk **S78**r (MH) gestaltet von Justin Greer, Wimbledon, London **S79** gestaltet von Richard Hartlage für Silas Mountsier, New Jersey **S80**o Linda Cochran, Bainbridge Island, Wa **S80**u (MH) gestaltet von Sarah Lloyd für Askham Bryan College's Garten bei der RHS Hampton Court Flower Show 2003 **S82/83** (MH) Piet Oudolf's Gestaltung für Pensthorpe Waterfowl Park, Norfolk **S84**o Ashley & Gilly Meacock, Fudlers Hall, Mashbury, Essex **S84**u Hermannshof, Weinheim, Deutschland **S85** Ashley & Gilly Meacock, Fudlers Hall, Mashbury, Essex **S86** White Flower Farm, Lichfield, Connecticut, von Fergus Garrett **S87**o Simon Hopkinson's Gestaltung für Essebourne Manor, Oxon **S87**u Barnsley House, Barnsley, Gloucestershire **S88**o Tim Barbour, Evandale, Tasmanien, Australien **S88**u Egeskov Slotshave, Fyn, Dänemark **S90/91** Beth Chatto, Elmstead Market, Essex **S91** Mike Springett, Wethersfield, Essex **S92**o John & Pauline Trengrove, 'Cashel', Ohoka, Christchurch, Neuseeland **S92**u Anne Just, Blokhus, Dänemark **S93** Beth Chatto, Elmstead Market, Essex **S94** (MH) Piet Oudolf's Gestaltung für Pensthorpe Waterfowl Park, Norfolk **S95**o Mark Brown, Varengeville, Normandie **S95**u Great Dixter, Northiam, Sussex **S96**o (MH) Timothy & Christine Easton, Bedfield Hall, Suffolk **S96**u Jardin d'Angelique, Manoir de Montmain, bei Rouen, Frankreich **S98** (MH) Lavenham Priory, Suffolk **S98/99** Jill Cowley's Garten, Park Farm, Great Waltham, Essex **S100** Cynthia & Chapin Nolen, Santa Barbara, Kalifornien **S101** Gunilla Pickard, Great Waltham, Essex **S102** (MH) Lavenham Priory, Suffolk **S102/103** Gunilla Pickard, Great Waltham, Essex **S103** Cynthia & Chapin Nolen, Santa Barbara, Kalifornien **S104**l (MH) Lavenham Priory, Suffolk **S104**r (MH) The Herb Society Garden bei der RHS Chelsea Flower Show 2003, gestaltet von Cheryl Waller **S106** Ulf Nordfjell's Gestaltung für Agneta Sjostedt, Stockolm **S107**o&u (MH) Lady Farm, Somerset **S108**l (MH) East Lambrook Manor, Somerset **S108**or Villa Ramsdal, Chelmsford, Essex **S108**ur (MH) Dr Mary Giblin, Essex **S109** Jaqueline van der Kloet's eigener Garten in Weesp, Niederlande **S110/111** Green Farm Plants, Surrey, von Piet Oudolf **S111**o&u (MH) Dr Mary Giblin, Essex **S112**l &or (MH) Dr Mary Giblin, Essex **S112**ur Marilyn Grossman, Wisconsin, USA **S114**o (MH) Castle of Mey, Caithness **S114**u Eastgrove Cottage Garden, Sankyns Green, Shrawley, bei Worcs **S115** Frilandsmuseet Open Air Museum, bei Kopenhagen, Dänemark **S116** The Secret Garden (Carol Mercer & Lisa Verderosa), East Hampton, Long Island, New York **S116/117** Ashley & Gilly Meacock, Fudlers Hall, Mashbury, Essex **S117**l (MH) Castle of Mey, Caithness **S117**r Great Dixter, Northiam, Sussex **S118/119** Jardins des Paradis, Cordes, Frankreich, von Eric Ossart & Armand Maurières **S120**o Great Dixter, Northiam, Sussex **S120**u (MH) **S122** Garden House Farm, Drinkstone, Suffolk **S123**o (MH) Mr & Mrs C. Curtis, Haconby, Lincolnshire **S123**u Chiff Chaffs, Chaffeymoor, Dorset **S124**o Constance Kargère, Varengeville, Frankreich **S124/125** Chiff Chaffs, Chaffeymoor, Dorset **S125** Mr & Mrs Royle, Home Farm, Balscote, Oxon **S126**o Jimmie Morrison, Moolap, Victoria, Australien **S126**ul Wilmar Bouman & Matthew Ryan, Hobart, Tasmanien **S126**ur Richard Hartlage's Gestaltung für Silas Mountsier, New Jersey **S128** (MH) Gail Adair's Garten bei der RHS Chelsea Flower Show 2003 **S129** White Flower Farm, Lichfield, Connecticut, von Fergus Garrett **S130** Beth Chatto, Elmstead Market, Essex **S131** (MH) Lady Farm, Somerset **S130/31** Piet Oudolf's nursery, Hummelo, Niederlande **S132** (MH) Beth Chatto, Elmstead Market, Essex **S132/33** Piet Oudolf's Gestaltung für Green Farm Plants, Farnham, Surrey **S134** Beth Chatto, Elmstead Market, Essex **S136** Christy ten Eyck's Gestaltung für Mr & Mrs Binns, Phoenix, Arizona **S136/37** Mr & Mrs Lerner's Garten in Palm Springs, Kalifornien **S138** Beth Chatto, Elmstead Market, Essex **S139**o Jimmie Morrrison, Moolap, Victoria, Australien **S139**M Helen Dillon, Dublin **S139**u Cynthia Nolen, Santa Barbara, Kalifornien **S140**l Helen Dillon, Dublin **S140** (MH) Docwra's Manor, Shepreth, Cambs **S142/43** (MH) Dr Mary Giblin, Essex **S145**o (MH) Dr Mary Giblin, Essex **S145**oM (MH) Eastgrove Cottage Garden, Sankyns Green, Shrawley, bei Worcs **S145**uM Anne Just, Blokhus, Dänemark **S145**u Pelham House, Brent Pelham, Herts **S147**o (MH) RHS Hyde Hall, Essex **S147**oM (MH) Dr Mary Giblin, Essex **S147**o&oM Frances Denby, Plas-yn-Llan, Llanrhaeadr-ym-Mochnant, Nordwales **S149**o Jacqueline van der Kloet's Garten, Weesp, Niederlande **S149**oM Gunilla Pickard, Great Waltham, Essex **S149**oM&u gestaltet von Jacqueline van der Kloet für Ilona van der Enden, Weesp, Niederlande **S151**o (MH) Eastgrove Cottage Garten, Sankyns Green, Shrawley, bei Worcs **S151**oM Docwra's Manor, Shepreth, Cambs **S151**uM Mme Constance Kargère, Varengeville **S151**u Peter Cooper, Tasmanien **S160** Jacqueline van der Kloet, Weesp, Niederlande **Back endpapers** Wollerton Old Hall, bei Market Drayton, Shropshire.

Register

Kursive Seitenzahlen verweisen auf Abbildungen

Danksagung des Autors

Den folgenden Personen möchte ich meinen tiefen Dank ausdrücken. ohne Sie wäre dieses Buch nicht zustande gekommen – und zwar von der Idee übe die Ausführung bis zum Druck. An erster Stell danke ich Jacqui Small für ihren unermüdlichen Beistand, ihren weisen Rat und ihr klares Urteilsvermögen in allen Fragen. Ebenso danke ich den Redakteuren Vicki Vrint and Kate John, dem Herausgeber Sian Parkhouse sowie Francesca di Stefano, Natalie Villemur and Eleanor Van Zandt.

Danken möchte ich ebenfalls dem Designer, Maggie Town für die herausragende Gestaltung des Buchs und sowohl Jerry als auch Marcus Harpur für ihre wundervollen Fotografien und dafür, dass sie sich auf diese Arbeit eingelassen haben. Mein Dank gilt auch all den begabten und hart arbeitenden Gärtnern, die so großzügig waren, Jerry und Marcus die Türen zu ihren wundervollen Gärten zu öffenen. Den Grafikern David Ashby (Seiten 28–9), Sally Pinhey (Seiten 58–9, 96–7), Lizzie Sanders (Seiten 36–7, 44–5, 51, 64–5, 74–5, 81, 105, 120–1, 141) und Ann Winterbotham (Seiten 89, 113, 127, 135), danke ich dafür, dass sie meine Entwürfe zum Leben erweckt haben – sie alle haben in ihren Zeichnungen perfekt eingefangen, was ich im Sinn hatte. Schließlich danke ich meiner Agentin, Sarah Dalkin, die – wie immer – unvergleichlich war.

Und weil es schon eine Tradition geworden ist, muss ichnoch zweien für ihre Gesellschaft danken: Terry, der Katze, der wiederum Tasso, der Hund Gesellschaft leistet. Toby Musgrave's Internet-Adresse: **www.tobymusgrave.com**